マンガでわかる

お母さんのための子どものしつけとマナー

小笠原流礼法総師範
鈴木万亀子
認定NPO法人
マナーキッズプロジェクト 監修

JN235068

C&R研究所

はじめに

以前から、町で見かける若者のファッション、会話の声の大きさ、歩きながらの飲食、公共の場での化粧など、気になることは多々ありましたが、認定ＮＰＯ法人マナーキッズプロジェクト（以降、「マナーキッズ」）での活動をする以前は、〝今の若者はこれが当たり前なのね…〟と、他人事として捉えていました。

しかし、「マナーキッズ」で北海道から沖縄まで、学校やスポーツ会場を回るようになると、町で見かける〝お嬢さん〟そのままの人が、〝保護者〟として会場に座っていることに気付き、〝これは何か変だ〟と感じるようになりました。彼女たちの母親としての自覚がないためなのか、大人の常識が欠如しているせいなのか…　あるときなどは、一番前の席に座っている方が、ダウンコートを着たまま腕組みをし、おまけに足組みまでしているのを目の当たりにし、子どもどころか〝母親〟がマナーを知らないことに愕然とした覚えがあります。もちろん、会場にいらっしゃった保護者の方々全員ではなく、あくまで、一部の保護者の方だけの話ですが…。

そのような中、この本の執筆のお話しをいただいたのです。

何かおこがましい感じがしないでもなかったのですが、〝母親〟を〝憧れ〟とし、そっくり受け継いでいく、これからの子どもたちのことを思い、書く決心を固めました。

平安の昔から、〝このごろの若い人は…〟と嘆く文章があるように、いつの世も、若い人は年寄りの目に立つらしいのですが。

今、日本人が経済ばかりに心を囚われ、日本文化の根底にある慎みや繊細な美意識を忘れてしまっては、あまりにも殺伐とした世になりかねません。それは、恐ろしいことです。

この本は、忙しいお母さんがどのページから開いても読みやすいように、文字数も少なく、また、頭にインプットしやすいよう、イラストもたくさん入っています。

どうぞ家事の片手間にページを開き、私のつたない文が、お読みいただいたお母様の子育て・しつけの自身につながれば幸せに存じます。

皆様の家の〝おばあさん〟の気持ちで書きました。

おばあさんの独り言と思って読んでください。

平成二十三年 一月

鈴木 万亀子

CONTENTS

目次

第1章 挨拶ができる子にするために

第2章 子どもの叱り方・褒め方・接し方

第3章 家族の一員として

目次

第4章 食事から学ばせること

第5章

外出先でのマナー

目次

第1章

挨拶ができる子にするために

朝の挨拶は子どもからさせていますか？

朝の挨拶は、子どもから先に、「お父さん、お母さん、おはようございます」と言わせてください。子どもから先に挨拶させるのは、挨拶は目下から目上にするものだからです。

「お母さん」という主語を付け、「ございます」まで言わせるのは、誰に挨拶しているのかということと、親が目上であるということを自覚させ、秩序を教えるためです。お母さんは、子どもの名前を付けて挨拶を返してください。まずは、身近にいる親との挨拶で、敬語が使えるようにしましょう。そうすることで、他人にもちゃんと挨拶できるようになるのです。

また、お母さんが挨拶を返すときは、どんなに忙しくても、必ず子どもの目を見てあげてください。そっぽを向きながら挨拶を返すと、子どもはそれを真似して相手を見ずに挨拶をするようになります。

✕悪い例

お母さんが先に挨拶してばかりいると、子どもは親を目上と思わなくなります。また、お母さんがそっぽを向いた挨拶を返していると、子どもも真似します。

○良い例

お母さんは目上、子どもは目下です。子どもから先に、主語と丁寧語で挨拶させましょう。お母さんは忙しくても、子どもの目を見て挨拶を返してください。

挨拶をするときは笑顔を相手に見せていますか？

挨拶を交わすとき、自分がどのような顔をして相手を見ているか、意識している人は少ないでしょう。ただ言葉だけで、「おはようございます」「こんにちは」「さようなら」と挨拶をしている人が多いようです。

挨拶をおざなりにしないためにも、優しい笑顔が大切です。笑顔は、〝あなたが好きよ〟とまでいかなくても、好感を持っている意思表示です。笑顔を向けられて嫌な人はいませんね。西洋人の多くは、目が合うと笑顔を見せますが、あれも〝あなたに敵意はありませんよ〟という意思表示です。

鏡を見て、一番好感の持てる自然な笑顔をしてみましょう。笑顔を作ると、自分の心まで笑顔になります。心まで優しくなりますね。

ただし、当然ですが不祝儀《ぶしゅうぎ》のときは例外で、悲しみを表情に出しましょう。当事者でなくとも慎むのは当たり前のことですね。

✕ 悪い例

挨拶は、単に言葉を交わす行為ではなく、心を通わせるための第一歩です。無表情や不機嫌そうな表情では、せっかくの挨拶が台無しです。

○ 良い例

挨拶をするときは、笑顔を見せるのが基本。優しい笑顔を向けられて、嫌な気持ちになる人はいません。相手の心も笑顔になり、良好な人間関係を築けます。

挨拶のとき子どもの表情をよく観察していますか？

いつも忙しいお母さん、子どもが挨拶してきたとき、つい、料理やお掃除をしながら、顔も見ずに返事を返してしまいがちです。でも挨拶のときは、きちんと子どもの顔を見てあげてください。これは、子どもの〝状態〟をチェックするためです。

朝の挨拶のとき顔を見ることで、子どもの顔色から健康状態をチェックできます。特に、小学校三年生までの小さい子どもは、自分で病気の自覚がないこともあるので、お母さんのチェックは大切です。すぐ対処すれば学校に迷惑をかけることもなく、子ども自身も早く治るのです。

「ただいま」の挨拶でも、子どもの顔を見て「おかえり」と言ってください。子どもは、学校で何かあっても言葉で伝えてこないことがあります。子どもの表情や態度を見ることが、問題の早期発見につながるのです。

誰かに呼ばれたとき きちんと「ハイ」と返事をしていますか？

うちの子どもは返事もしない、と愚痴を言う前に、お母さん自身、どのような返事をしているか考えてみてください。

病院や銀行、役所の待合室で順番を待っているとき、名前や番号で呼ばれると思いますが、呼ばれたとき、相手に聞こえるように「ハイ」ときちんと返事をしていますか。

自分の名前を呼ばれて反射的に返事をすることは、ごく当たり前のことなのですが、最近では、大人も子どもも返事をしないことが多いのです。

返事をすることは、相手の呼びかけに反応しているという合図であり、コミュニケーションの基本、良い人間関係を築くための第一歩です。

それは家庭内でも同じこと。夫への返事は明るく「ハイ」と言えていますか。子どもにはどうですか。

何かを言われたら「ハイ」。

〝お母さん！〟と呼ばれたら「ハイ」。

〝誰に呼ばれても返事は「ハイ」〟というルールを作ってみてはいかがでしょうか。明るい返事は、相互に気持ちの良いものですし、素直な気持ちの表れです。

まずお母さんから、外でも家庭内でも、「ハイ」と元気よく返事をする癖を付けましょう。

お母さんがいろんな場面で「ハイ」と明るい返事をする家庭のお子さんは、同じように明るい返事をするようになります。小さいころからお母さんが手本になりましょう。

また、お子さんが明るい声で「ハイ」と返事したときは、思いきり褒めてあげてください。「今のあなたの明るい〝ハイ〟の返事で、お母さん、うれしくて元気になったわ！」とでも。これ、本当のことですよね。

それに、子どもは、褒められたことは繰り返すものです。

✕悪い例

待合室などで呼ばれたとき、返事もせず無言で呼ばれた方に歩いて行く人がいます。お母さんがそうやっていると、子どもも返事をしない子になります。

○良い例

名前を呼ばれたら「ハイ！」と元気な返事をするのはコミュニケーションの基本です。お母さんが元気よく返事をしていると、子どもはそれを真似て、素晴らしい返事をする子になります

〝感謝〟と〝謝罪〟の言葉をきちんと使い分けていますか？

〝感謝〟と〝謝罪〟はもちろん違うのですが、どの場面でも「すみません」で済ませてしまう人がいますね。これは、使い分けましょう。

感謝の言葉は、「ありがとう」「おそれいります」「ありがとうございます」などで、相手の気持ちを豊かにします。

謝罪の言葉は、「ごめんなさい」「すみません」「申し訳ございません」などで、相手の怒りを静める働きがあります。

中でも「すみません」は、「こんなに私の心が騒ぎ、澄んでいません」という意味です。ですから、感謝のときに「すみません」と言うのは本来は意味が合わないのです。

何でもかんでも「すみません」と言うのはやめて、その場に応じた言葉を使うように心がけましょう。子どもが間違った使い方を真似しますよ。

✕悪い例

日本人の礼節の気持ちがそうさせているのでしょうが、お礼を言う場面で「すみません」と言ってしまう人は多いですね。でもこれは本来は謝罪の言葉です。

○良い例

「すみません」は謝罪のとき。「ありがとうございます」は感謝のとき。場面に応じて使い分けて、正しい日本語のお手本を子どもに見せてあげましょう。

夫や子どもが帰って来たとき玄関まで迎えに出ていますか？

昔は家の人が帰って来た気配を感じたら、玄関まで迎えに行くのが礼儀でしたが、今はそれが皆無に近くなりました。お母さんが忙しくなったせいなのか、家の人みんながそれぞれ家の鍵を持っているせいなのかは分かりません。

でも、あなたが帰って来たとき、誰か家の人が玄関まで迎えに出てくれたらどんな気持ちになりますか。うれしいですよね。

料理の最中や、手の離せないときもありますが、テレビなど見ていて声だけで「おかえりなさい」はやめましょう。できるだけ、迎えようとする気持ちが大切なのです。

途中まででも良いのです、体がその人に向いていることです。大切な家の人が帰って来たのですから。

×悪い例

家族が帰ってきたとき、テレビなどを見たまま、声だけで「おかえりなさい」と言うのはやめましょう。相手を尊重していない態度です。

○良い例

家族が帰ってきたら、玄関まで迎えに出ましょう。手が離せなければ、せめて、帰ってきた家族の方を向いて「おかえりなさい」と言いましょう。

お客様が来られたら子どもにも挨拶させていますか？

お客様が家にお見えになったときは、必ず子どもにもお客様へ挨拶をさせましょう。

そして、挨拶が済んだら、いつまでもそこに居させず、自分の部屋なり他の部屋に行かせてください。そこに居て大人の話を聞いていたり、大人の話に割り込んで来たりしないような癖を付けましょう。

他の部屋がなければ、子どもには、なるべく離れたところで静かに本でも読ませましょう。子どもの好きなテレビ番組を見せるのはお客様に失礼になります。

お客様がお帰りのときは、お母さんだけでなく、子どもにも一緒に玄関までお見送りさせましょう。そしてお母さんは、玄関の外までお客様をお見送りしてください。

✕悪い例

子どもがお客様に挨拶せずに遠巻きに眺めていると、感じが悪いものです。また、大人同士の会話の中に子どもが混ざろうとしたり、すぐ近くで騒いだりするのも迷惑になります。

○良い例

お客様が来られたら子どもにも挨拶をさせ、挨拶が済んだら別の部屋へ行かせてください。お客様が帰られるときは、お母さんは玄関の外まで、子どもは玄関までお見送りしましょう。

「バイバイ」と「さようなら」をきちんと使い分けていますか？

お母さんが自分の友人に「バイバイ」と言っていると、それを見て育った子どもは誰に対してでも「バイバイ」で良いと思ってしまいます。

赤ちゃんのときなら手を振って「バイバイ」でかわいいので、それで済んでいましたが、幼稚園に上がる年になったなら、「さようなら」と正しい日本語を言えるようにしましょう。

もちろん、「バイバイ」で済む相手もいるでしょうが、目上の人や初めて会う人、お客様や学校の先生などには「さようなら」です。

日本語の「さようなら」には、「また会えるときまで元気でね」という相手を思いやる気持ちが、口に出さなくても付いています。また、「おはようございます」にも、「今日一日良い日でありますように」が付いています。これらの言葉に、お辞儀が付くと、もっと素敵ですね。

×悪い例

お母さんが誰に対しても「バイバイ」と言っていると、子どもは、別れ際の挨拶は誰でもバイバイで良いと思ってしまいます。

○良い例

子どもから見て大人はすべて目上。丁寧な挨拶をさせましょう。別れ際の挨拶は「さようなら」。よその家から帰るときには「お邪魔しました」と言う癖を付けましょう。

子どもの電話の応対は きちんとできていますか？

携帯では難しいですが、家に固定電話があれば、電話の応対をしつけることができます。電話の応対の仕方で家の中の教養が知れます。親しい人にも、丁寧な言葉を使うように指導しましょう。

たとえば、「ちょっと待ってください」ではなく「少々お待ちください」。「うん」ではなく「はい」。「分かった」ではなく「分かりました」などです。

親がお風呂やトイレのときに、「今、手が離せません」「今、電話に出ることができません」「折り返し、お電話いたします」などの対応ができるかどうかも重要です。お母さんを呼ぶ前には、電話を〝保留〟にすることも教えておきましょう。せっかく応答が上手にできても、「お母さーん、○○って人から電話ー！」と相手に聞こえては台無しです。もちろん、電話の最中はテレビの音を消し、近くでの会話も慎みましょう。

✕悪い例

固定電話は子どものしつけに便利なツールです。子どもの電話の応対の仕方ひとつで、その家の教養が分かります。恥をかかないように、小さいうちから訓練しましょう。

○良い例

丁寧な言葉遣いで電話の応対ができるように子どもをしつけましょう。大きくなったときに、小さいときの電話のしつけが生きてきます。

正しい姿勢で立つことの大切さを知っていますか？

近ごろは、女の人でも両足を広げて、だらしなく立つ人を多く見かけますが、これはあながち、パンツスタイルのせいばかりとは思えないのです。心のゆるみが、そうさせているのではないでしょうか。

食事のときの椅子の座り方（123ページ参照）もそうですが、人の〝姿勢〟において一番大切なのは、〝腰骨〟だと思っています。

まずは、立った姿勢を見直してみましょう。

両足を揃えて立ったら、丹田（おへその少し下）に力を入れます。

次に、背骨を立て、胸を開き、首を立てます（あごは上げない）。

そうすると腰骨が緊張し、固くなっているのが分かるでしょう。

この、〝腰骨を立てる〟ことにより、脳の前頭葉にある自己抑制機能が弛緩しなくなり、精神が安定するのです。

これは気がまえ、心がまえの形でもあります。

この反対に、いつも猫背でいると、内臓や自律神経の圧迫により、肩・背中・腰の不調となります。さらに、脊柱起立筋や腹直筋が衰え、老化の原因となります。

正しい姿勢を心がけることは、前向きな気持ちになることです。

子どもにも、小さなうちから常に注意してあげてください。

Column

場面に合ったことわざを子どもに教えましょう

「早起きは三文の徳」「急がば回れ」など、日常でふと口にするようなことわざがありますね。そのことわざを、子どもが小さいうちから場面に応じて口に出して教えてみませんか。ことわざは、耳に残りやすいリズムと、謎めいた言葉の面白さもあるので、子どもはすぐに覚えます。もちろん、最初は子どもに意味はわかりませんから、お母さんが丁寧にことわざの意味を説明してあげてください。

ことわざは、わずか数文字の言葉の中に、人の生き方（処世術など）、善悪の判断、世の理《ことわり》などが凝縮されています。子どもは成長過程でその場面に遭遇すると、お母さんに教わったことわざを思い出し、良い方向性を見い出すことでしょう。

難しいものでなく、お母さんが知っていることわざで良いのです。子どもに教えながら、お母さんも初心にかえり新鮮な気持ちになれると良いですね。

第2章
子どもの叱り方・褒め方・接し方

子どもが失敗したとき頭ごなしに叱っていませんか？

子どもが漢字を覚えられなかったり、学芸会の劇で失敗したり、運動会で転んだり…。自分の子どもが、物事をうまくできないときや、大事な場面で失敗したとき、お母さん自身も情けなくなって、イライラしながら感情にまかせて叱ってしまいがちです。でも頭ごなしに叱ると、子どものやる気は失くなり、「本当に自分はダメな子なんだ」と思ってしまいます。

子どもが失敗したときは、お母さんは、「大丈夫、大丈夫。次は絶対できるわよ」と、子どもの肩を抱いてやってください。〝大丈夫〟は魔法の言葉です。できないことでも、何だかできそうな気持ちになり、投げやりにならずに「もう一回、やってみよう！」という意欲が湧いてきます。

決して、「あなたはダメな子ね」「どうしようもないわね」などと言わないでください。子どもの可能性を奪ってしまいます。

✕悪い例

子どもが失敗したとき、「あなたはダメな子ね」と、お母さんが言ってしまうと、子どもは、二度とチャレンジしたがらなくなるかもしれません。

○良い例

子どもが失敗したときは、お母さんは、「大丈夫！」と言って励ましてあげてください。いつか成功するでしょう。その経験が、強い精神力を養います。

余裕があるときでも「早くしなさい」と言っていませんか？

子どもは、「早くしなさい」と言われても、なかなか早くできないものです。お母さんは、グズグズする子どもを叱るばかりでなく、少しでも早くできたときには、「あら、今日は早くできたわね」「〇〇ちゃん、すごいわね」と褒めてあげましょう。「早くしなさい」の一言よりも、褒め言葉の方が子どものやる気を引き出します。

また、時間があるときでも、つい「早く、早く」と言うのが、お母さんの口癖になっていませんか。

時間のあるときなどは「ゆっくりでいいのよ」と声をかけ、急ぐときと、ゆっくりしていいときがあることを教えましょう。

急がせるときは、なぜ急がなければいけないかを、子どもに言い聞かせると良いですね。

✕ 悪い例

子どもは、「早くしなさい」と言われて早くできるものではありません。口癖で「早くしなさい」ばかり言っていると、子どもはストレスを感じてしまいます。

ほら早くごはん食べて！
ごはん食べたら早く歯を磨いて！
早く服を着替えなさい
次の日―
早く！早く！
今日は日曜なのに…

○ 良い例

子どもがいつもより早くできたら褒めましょう。〝急ぐとき〟と〝ゆっくりでいいとき〟をきちんと伝え、その理由も一緒に教えてあげましょう。

あら
もうしたくできたの？
みきちゃん早いわねー！すごい！
えへへ…
明日も早くしたくしようっと

子どもの友達が帰った後でその友達をけなしたりしていませんか？

お母さんが、「子どもの友達には〝良い友達〟を…」と敏感になるのは分かりますが、遊びに来ていた友達が帰った後で、その子の悪いところをけなしてはいけません。仲良しの友達をけなされた子どもは、自分の人格を否定されたように感じ、お母さんに反発を覚えます。

友達の悪いところを伝えたければ、「友達の○○ちゃんは、こうだけど、それは良いことだと思う？」と、子どもに聞いてください。聞かれたことでそれを意識し、本当に〝悪い〟と思ったら、子どもは自分で判断します。

逆に、友達に良いところがあったときは、友達が帰った後で褒めましょう。友達が認められたことでうれしくなり、自分もそうなりたいと思うものです。そのときお母さんは、〝一生の友〟になるかもしれない友人の大切さを話してあげましょう。

✕悪い例

友達が帰った後で、その友達の悪口を言ったり、けなしたりすると、子どもは自分自身をけなされたような気持ちになって、反発してきます。

ねぇさっきの友達と遊ばないでくれる?
えっ
なんで!?
挨拶も言葉遣いも悪いし…きっと家でろくな教育されてない…
お母さんヒドイよ!
コウちゃんはいい奴なのに!

○良い例

子どもの友達に悪い点があったら、「お母さんは何が問題だと思っているのか」を伝え、子ども自身に善悪を判断させましょう。逆に、友達に、良いところがあれば、褒めてあげてください。

さっき来てたお友達、挨拶もお返事もなかったけど…それって良いことだと思う?
えっ?
うーん…
せんせーおはぴょーん
こらっ
ちゃんと挨拶しなさい
いい奴なんだけど…

子どもに友達と競わせるようなことを言っていませんか？

「こんなんじゃ、友達の○○ちゃんに負けるわよ」とか、「○○ちゃんは100点だって」とか、子どもに対して、友達と競わせるような言葉を口にしたことはありませんか。それは、無意識に自分の子どもをけなしているのです。

誰にでも、得手・不得手があります。苦手なところをけなすより、その子の頑張ったところを褒めてあげてください。褒められるとうれしくなり、「よし、もっと頑張るぞ！」と脳がよく働くようになります。子どもの成長には、プラスの言葉が必要なのです。

自分の子どもが、友達と同じでなくても良いのです。あまり友達を引き合いに出すと、子どもはその友達に敵意を持つかもしれません。幼いころからの友達は、〝一生の友〟となり得ることを忘れないでください。

あらら…
友達の
みっちゃんは
100点だって
いうのにねー
みっちゃん
しゅん
みっちゃん
なんか、いなく
なっちゃえば
いいのに…

✕悪い例

「友達の○○ちゃんに負けているわよ」と、友達と比較してばかりいると、知らず知らずのうちに子どもは友達を敵視するようになってしまいます。

○良い例

まぁ…
国語は
苦手だから
仕方ないかな
うん…
その代わり
しんちゃん、理科は
得意だもんねー
うん!
ぼく将来
科学者に
なるんだ!

自分の子どもと友達は、同じではありません。人間ですから、当然、得手不得手があります。うまくできたところ、頑張ったところを褒めて伸ばしましょう。

子どもの話を最後まできちんと聞いていますか?

お母さんは子どもが何を言いたいか分かるので、ついつい、その先を口に出して言ってしまいがちです。しかしそれだと、子どもは、ちょっと話しただけでお母さんが汲み取ってくれることが当たり前になり、自分で最後まで順序立てて話すことができなくなります。

それは、お母さんが子どもの小さいころから、言語の回路を切断していることになるのです。これだと、子どもが大きくなっても、話し言葉が単語の羅列に近くなり、文章を書かせても短い文章しか書けなくなります。

子どもが話し始めたら、子どもの目を見て上手に相づちを打ち、聞き役に徹しましょう。すると、子どもは自分の頭で考えながら最後の結論まで話すようになります。また、お母さんを真似て、他人の話も最後まできちんと聞く、聞き上手になるでしょう。

子どもに話しかけるときの声の大きさが必要以上に大きくなっていませんか？

〝子どもは騒がしいのが当たり前〟と思うかもしれませんが、大人になっても、周りを考えずに独りよがりに大きな声で話す人はいますよね。

お母さんが大きな声で子どもに話しかけていると、それに答える子どもの声も自然に大きな声になります。これが公共の場でしたら、周りの人たちに会話が筒抜けです。また、飛行機や新幹線には、静かに休みたい人や、つかの間の睡眠を取りたい人も乗っていることを忘れないでください。

お母さんは、子どもにちゃんと聞かせようとして声が大きくなるのでしょうが、子どもの耳は大人よりもよく聞こえます。静かな、やわらかい声で充分です。子どもも、自然とそれにふさわしい声の大きさになります。

子どもは〝騒がしい〟のが当たり前ではなく、お母さんのＴＰＯをわきまえた声の出し方によって変わってくるのです。

日常会話の中で〝女性語〟を心がけていますか？

近年、女性の言葉が、大きく崩れているように思われてなりません。たとえば、「そうだよね」「ダメだよ」「行きなよ」「便利だね」…これが、母子の会話や、ＴＶの女子アナ、学校の先生、雑踏の中からも聞こえてきます。

〝女性〟を必要以上に意識した言葉もいやらしく感じますが、やはり、男女とも、正しい品格のある言葉を使いたいものです。地域によって〝女性語〟は異なりますが、たとえば、「そうだよね」は「そうね」でいいし、「便利だね」は「便利ね」の方が、聞く人の耳にも心地良いと思うのです。

男女平等・男女同権は当たり前としても、いつの間に、言葉遣いまで男女共通になってしまったのか…。

特に女の子は、お母さんそっくりの言葉を使うようになります。お母さんは、もっと子どもの言葉に責任を持つべきだと思うのです。

日常的に「ありがとう」が言えていますか？

「ありがとう」の言葉は、言われた人がうれしくなるばかりか、言った人も清々《すがすが》しい気持ちになるものです。お母さんの口から、どんな場面でもとっさに言えるようになると良いですね。

たとえば、スーパーでお釣り銭をもらったときや、カードが返されたとき。もちろん自分の家族にも。子どもの寝顔を見ていると〝生まれてきてくれてありがとう〟と心から思うものですが、なかなか口では言えていないと思います。一度、子どもの寝顔に言ってみてはいかがですか。胸が熱くなると思います。もちろん、起きているときでも良いのですよ。

また、スーパーなどでは、お金を渡したりカードを渡したりするときに「お願いします」と言って渡すと、より丁寧で、店員さんの笑顔がお釣りと共に返ってくるでしょう。やさしい言葉は相手も自分も輝かせますね。

子どもの話を聞くとき表情豊かに相づちを打っていますか？

最近、人の話を聞くときの表情が乏しくなっているように感じます。それは私が保護者に講話をしているときにも感じることです。

人と話をするとき、特に人の話を聞いたり人から話を引き出すときに必要なのは、感情表現、つまり表情と、相づちです。それが最近では、無表情で人の話を聞く人を多く見かけます。

お母さんがいつも無表情で子どもの話を聞けば、当然、話す子どもも無表情になります。その結果、感情表現が下手な子どもになってしまいます。

子どもの話を聞くとき、うれしい話を聞いたときは大いに喜び、悲しい話を聞いたときは本当に悲しげな表情で、相づちを打つように心がけましょう。その表情が子どもの感情に働きかけ、感受性の豊かな子どもに育てます。これは子どもの将来において、とても大切なことです。

✕ 悪い例

お母さんが無表情でいると、自分の話に無関心なんだと思って、子どもはお母さんと話さなくなるでしょう。そうしているうち、子ども自身も感情の表現が乏しくなります。

今日ね
サッカーで
シュートを
決めたんだよ！
あらそう
……で？
……
もういいよ

○ 良い例

子どもの話を聞くときは、喜怒哀楽を表現しながら相づちを打ちましょう。子どもは、お母さんを見習って、感受性が豊かな子どもに育つことでしょう。

今日ね
野球でヒット
打てたんだ！
すごいじゃない！
それでどうなったの？
うん
うん
すごいねー
それでね！
ボクがねー

子どもの姿を玄関の外まで見送っていますか？

朝は忙しいお母さん。学校へ行く子どもに朝食を食べさせ、「行ってらっしゃい」と言うのが精一杯かもしれません。でも、できれば玄関から出て、子どもの後ろ姿を見送ってほしいのです。昔の家庭では、子どもの姿が見えなくなるまで見送ったものですが、忙しい現代では、難しいでしょう。でもせめて、子どもが五、六歩、歩くまでは見送ってあげてください。

お母さんに見送られた子どもは、〝母の愛〟を感じながら学校に行きます。子どもは、お母さんに見守られているという安心感が自己肯定につながり、さらに、自信につながるのです。

子どもは、不安になると他の子に意地悪をしたりしがちですが、見送られて自信を持った子どもは、友達のちょっとした意地悪にもストレスがたまりにくく、もちろん人にも優しくなれるでしょう。大切なことです。

✕ 悪い例

朝、学校へ行く子どもの姿も見ずに、声だけで「行ってらっしゃい」では、母の愛は子どもに伝わらず、子どもは不安になります。

…行ってきまーす
行ってらっしゃーい

○ 良い例

玄関を出て、子どもが五、六歩歩いて行くまでは、子どもの後ろ姿を見送りましょう。見送られた子どもは安心感から、多少のことでは動じない、優しい子になるでしょう。

行ってらっしゃい
行って
きまぁ〜す！

何でもかんでも〝かわいい〟という表現で片付けていませんか?

子どものころに、〝かわいい、かわいい〟と言われて育てられたせいでしょうか。ここ数年、〝かわいい〟を一番の褒め言葉のように口にしている人をよく見かけます。しかし、日本語には、他にもたくさんの褒め言葉があるのです。言葉は、そのときに応じて、的確に使い分けたいものです。

たとえば、相手の服装を褒めるにしても、〝美しい〟〝似合ってる〟〝きれい〟〝華やか〟〝涼やか〟〝やさしい〟〝良いセンス〟〝良い色合わせ〟…その他にも、表現する言葉はたくさんありますね。何でもかんでも〝かわいい〟で片付けるお母さんの子どもは、同じように、どんなときでも〝かわいい〟という言葉しか頭に浮かんでこなくなるものです。

微妙な表現の言葉を使い分けられる、繊細な感性の子どもに育ててみませんか。

ちょっとした場面で自然な会釈《えしゃく》ができていますか？

すでに人の乗っているエレベーターに乗るときや降りるとき、人の前を通るとき、電車などに乗るとき、順番を待ってくれていたときなど、ちょっとした場面で知らない方に会釈をされると、一瞬、心が通じ合った感じがしてうれしいものです。会釈は声に出さない意思表示であり、込められている意味は、〝お先に〟〝失礼〟〝ありがとう〟などです。

知らない方に会釈をするときは、オーバーにならないくらいが良いでしょう。会釈のとき、目を合わせなくても良いのですが、頭だけをペコリと傾けるのではなく、お腹に力を入れて背筋を伸ばした状態から、上体を腰からスッと傾けるようにすると、品の良い会釈ができます。

会釈は、心のゆとりを感じさせます。日ごろ忙しいお母さんですが、会釈をする姿を通じて、〝母〟のゆとりを子どもに感じさせるといいですね。

なぜ〝子どもは褒《ほ》めて育てよ〟といわれるのか知っていますか？

よく昔から、〝子どもは褒めて育てよ〟と言われます。

これは単なる格言ではなく、科学的にも、〝褒めて育てる〟ことが子どもにとって効果的であることが分かってきました。

人は、褒められると、褒められた喜びの快感とそのときの行動が、脳の大脳基底核という場所に結びつきます。これにより、褒められると、その快感をもっと続けたいと思う気持ちが働き、その行動を繰り返すようになるのです。

「よくやれたわね」「さすがね」「いい感じね」「力があるわね」「優しいのね」「きれいね」「よく気が付くわね」「元気ね」「素敵ね」…他にも、たくさんの褒め言葉がありますね。

そのときに応じた褒め言葉を、お母さんの笑顔と共に伝えてください。

知人との立ち話で子どもを待たせていませんか？

道端やスーパーなどでお母さんが知人と立ち話をしている側で、子どもがつまらなそうな顔をしてグズグズ言いながら待っている光景をよく見かけます。

お母さん、楽しくてつい長話してしまう気持ちも分からなくはないですが、子どもがいるときは、立ち話は最小限にとどめましょう。それに、立ち話の中には、子どもに聞かせたくない話もあるのではないですか。

携帯での長話やメールも同じです。乗り物の中で、親がずーっと降りるまでメールをしている側に子どもがいる光景を見たことがあります。せっかくのお母さんとのお出かけなのに…、何とも哀れな気がしました。もう少し、子どもの心に目を向けてあげても良いですよね。子どもが、側にいる友達に無関心で自分のことしか考えない子にならないためにも。

子どものヒステリーに対して同じように怒鳴っていませんか？

子どもがヒステリーを起こして、物を投げつけてきたりすると、つい、お母さんもイライラして大声を出したくなると思います。でも、お母さんは心に余裕を持って対応してください。

間違っても、ヒステリーを起こしている子どもを、恐い顔をして怒鳴りつけたり、同じように物を投げ返したりしないでください。

子どもがイライラしているときや機嫌が悪いときは、むしろ、お母さんは優しく子どもを抱きしめてあげましょう。そして、優しい顔で子どもの顔を見てやってください。そうやって子どもの気持ちがおさまったら、〝良いこと〟と〝悪いこと〟について話をしましょう。

そして、最後にもう一度、ギューッと抱きしめてあげてください。子どもはお母さんに素直に「ごめんなさい」が言えることでしょう。

✕ 悪い例

子どもがヒステリーを起こしたとき、お母さんもつられて大声で怒鳴ったり、物を投げ返したりすると、どんどんエスカレートして収拾がつかなくなります。

○ 良い例

ヒステリーを起こしている子どもを抱きしめ、心を鎮めてあげましょう。子どもが落ち着いてから、やっていいことと悪いことを話して聞かせましょう。

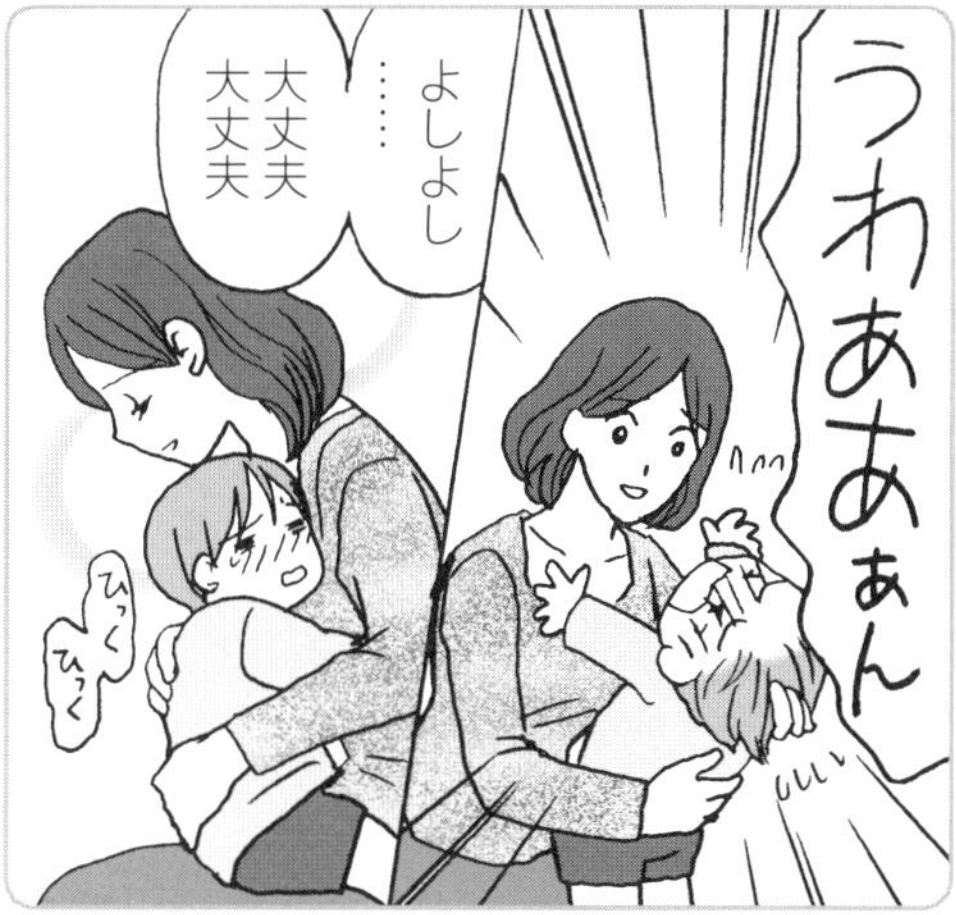

子どもとのどんな小さな約束もきちんと守っていますか？

つい軽々しく子どもと約束をして、それを守れなかったことはありませんか。また、「つい約束しちゃったけど、子どもはそのうち忘れるでしょう」と思ったことはありませんか。

たとえ子どもが忘れてしまったことでも、約束したことは必ず実行しましょう。それで、子どもとの信頼関係が生まれるはずです。どんな小さな約束でも、約束は守るためにあることを、子どもに教えてください。

それでも、どうしても守れなかったときは、心から謝りましょう。そして、守れなかった理由を子どもが納得するまで説明するのです。

でも、「お母さん、この前もそうだったよ」と子どもに言われるようでは、子どものしつけにはなりませんね。子どもも同じように、謝ればいいと思ってしまいますよ。できない約束はしないことです。

まだ小さい子どもの部屋のドアに鍵を付けていませんか？

子どもが小さいうちから、子ども部屋を用意しているご家庭もあると思いますが、子どもが小さいうちは、子ども部屋のドアには鍵は付けず、ドアは開け放したままにしておきましょう。いっそドアを取り外しておいてもいいくらいです。

子どもに勉強させる場合でも、子どもが小さいうちは自分の部屋ではなく、食卓のテーブルで勉強させるのが一番です。

子どもが小さいうちは、その子の姿がいつも母親の目の届く範囲にあることが大切ですし、子どもも、家庭の雑音の中で勉強することに慣れておく必要があります。いつもいつも、静かな環境で勉強できるとは限らないからです。生活音の中であっても集中して勉強できるようにする、訓練にもなるでしょう。

子どもに温かい眼差しを注いであげていますか？

お母さんは、毎日忙しいですね。忙しい日常を送っていると、自分がどのような眼差しで子どもを見ているかなんて、考えてみたこともないかもしれません。でも、あれもこれもしなくてはと、気が急《せ》いているときなどは、ついつい、厳しい目つきをしているものなのです。

ですから、お料理をしているとき、掃除をしているとき、洗濯物をたたんでいるとき、テレビのコマーシャルのとき…、時々、じっと優しい目で、お子さんを見てあげてください。用事があるときだけでなく、用事がなくても、かわいいわが子を見つめてください。

子どもは宝です。宝物を愛でる眼差しで見つめてあげてください。

子どもはそんな、お母さんの温かい眼差しを見て気付くのです。自分が愛されているということに。

下の子がまだ赤ちゃんだからと上の子にさみしい思いをさせていませんか？

上の子の他に、下に赤ちゃんがいるお母さんは、どうしても赤ちゃんの方に手がかかり、上の子はほったらかしになりがちです。さみしくなった上の子は、「赤ちゃんがお母さんをとってしまった！」と、小さな妹や弟に嫉妬してしまいます。

そうならないために、赤ちゃんの世話に上の子を参加させ、一緒に子育てをしてみましょう。

赤ちゃんが泣いたら、「〇〇ちゃん、赤ちゃんが泣いているから見てきて」とお願いしたり、ミルクを一緒に飲ませたりして、赤ちゃんの世話を手伝わせるのです。そして、お母さんの手が空いたとき、上の子をギュッと抱きしめてあげてください。上の子は、お母さんと一緒に妹や弟を育てることで、より兄弟愛が芽生え、大きくなっても仲が良いことでしょう。

一日に何度もダメダメと繰り返していませんか?

「それはダメ」「あれはダメ」と、小さなことでダメダメと繰り返していると、お母さんも疲れてしまいますよね。

それもそのはず、「ダメ」はマイナスの言葉だからです。言われている子どもにしても、あれこれ「ダメ」では口うるさいと思うだけで、心を閉ざして笑顔になれません。

「ダメ」の代わりに、子どもの名前を呼び、こちらを向いたら、諭すような表情をしてください。その方がお母さんも疲れません。

そして、子どもが言うことを聞いてくれたら、お母さんは笑顔で子どもの名前を呼んで、褒めてあげてください。子どもも、うれしそうな表情をするでしょう。

褒められたことは、子どもは繰り返すようになります。

✕悪い例

一日中、子どものすることに「ダメ」を連発していると、自分も、子どもも、精神的に疲れてきます。特に子どもは、何でもダメ出しするお母さんを、疎ましく思うようになるでしょう。

空き地に行っちゃダメでしょ！
服も脱ぎっぱなしはダメよ！
それに宿題しないで遊びに行っちゃダメじゃない！
いっつもダメダメばっかり…

○良い例

わーっ
次郎ちゃん！
ふるふる
あ…

やってほしくないことを子どもがやった場合、「ダメ」という代わりに子どもの名前を呼び、こちらを見たところで〝それはいけません〟という表情や仕草をしましょう。

何でもすぐ「イヤ」と言う子どもになっていませんか？

小さな子どもにとって、「イヤ」という言葉は短くて使いやすいためか、何に対しても「イヤ、イヤ」と、口癖になっているお子さんを見かけます。いわゆる第一次反抗期で、健全に精神が成長している証なのですが、「イヤ」はマイナスの言葉なので、親にとっても、近くにいる人にも、気持ちの良い言葉ではありません。

子どもが「イヤ」という言葉を口癖にしてしまう原因のひとつは、実はお母さんにあります。お母さんが、「〇〇ちゃん、これはイヤ？」「イヤなの？」とよく子どもに聞くことから、子どもの頭の中に、短くて覚えやすい「イヤ」という言葉が残ってしまうのです。

ですから、何でも「イヤ」と言う子どもにしないためには、お母さんが「イヤ」という言葉を使わないようにすることが一番です。

×悪い例

赤ちゃんのときから、お母さんが、「これはイヤなの？」と聞いてばかりいると、「イヤ」を覚えてしまい、反抗期になると、何でも「イヤ」と言う子になりがちです。

あら？
これはイヤ？
このオモチャ
イヤなの？
数年後――
この本、読んで
あげようか
イヤ！
じゃ
この本？
イヤ～ッ!!

○良い例

「イヤ」は覚えやすい単語なので、できるだけ赤ちゃんのときから聞かせないようにして、プラスの言葉を多く聞かせるようにします。

ほーらほら
このオモチャ楽しいよ～？
さっちゃんの
好きなオモチャは
どれかなー？

上の子に我慢させてばかりじゃありませんか？

妹や弟が生まれて、お兄ちゃんお姉ちゃんになったら、小さな子をいたわる心を育てるためにも、上の子に少し我慢させることも大切なことです。でも、いつもいつも我慢させていると、ストレスがたまり、親の見ていないところで妹や弟に意地悪な心が起きないとも限りません。

そこで、食事のときなどに、「お姉ちゃんだから」「お兄ちゃんだからね」と言って、好きなものを少し多目にあげてください。我慢させたマイナスを何かのときにプラスにするのです。そうすることで、自分は年上なのだという自覚ができ、ストレス解消にも役立つことでしょう。

また、我慢させた後に、「ご褒美よ」と言ってギュッと抱きしめたり、ときにはちょっとしたプレゼントをあげても良いですね。

でも、〝我慢〟が意志を強くすることだけは忘れないでください。

✕悪い例

妹や弟が小さいと、お兄ちゃん、お姉ちゃんに、我慢させることが多くなります。〝我慢〟で心を鍛えるのはいいことですが、ずっと我慢ばかりではストレスが溜まります。

○良い例

上の子には普段から我慢させている分、食事のときなどに、上の子のメリットを与えてあげましょう。自分は年上だという自覚を持つでしょう。

子どもを恐い顔をして大声で叱っていませんか？

大声をあげて叱っても、それは単に威嚇《いかく》しているだけです。子どもは恐いから、そのときは言うことを聞くでしょう。でも、本当に悪いことをしたと分からせるには、〝なぜそれがいけないか〟を考えさせなければならないのです。

そのためには、子どもに注意を与えるとき、「もし、あなたがその人だったら、こんなことをされたらどんな気持ちになる？」と、相手の身になって物事を考えさせるのです。子どもにも、そのときの言い分があります。それをよく聞いてから、「他の方法はないの？」と考えさせます。そのとき、くれぐれもお母さんからの提案はしないで、自分で考えさせましょう。

一度や二度では相手の身にはなれません。お母さんの根気が必要になりますが、子どもは必ず学んでくれるでしょう。少しずつでも相手の身になって物事を考えてくれるようになれば素晴らしいことです。

なお、子どもを説得するときの場所は、和室ならお母さんは床の間の前に正座する。洋間なら入り口に近い方に子ども、奥にお母さん。これは上座、下座の関係です。トーンを落として、静かにゆっくり説得してください。大声をあげるのは、危険なときや命にかかわるときです。

「ごめんなさい」と言われると何でも許してしまっていませんか？

子どもは、本当に悪いと思っていないことでも、とにかく「ごめんなさい」と言えば親は許してくれると思いがちです。しかも、「ごめんなさい」は口癖になりやすいのです。

子どもに「ごめんなさい」と言われたら、たまには、〝なぜ悪いと思ったのか〟〝今度からはどうすれば良いのか〟などを聞いてみましょう。「ごめんなさい」には、きちんと反省が伴わないと意味がありません。

何をするのが良いことなのか、または悪いことなのか、子ども自身の心で確認させてください。それが道徳心の芽生えとなるでしょう。

お母さんも、料理などでちょっと味付けを失敗したときなど、黙ってないで「ごめんなさい、あまり美味しくないわね」「もう少し甘みがほしいわね」「今度から気を付けるわね」と素直に言うことが大切です。

✕悪い例

悪いことをしたら「ごめんなさい」。しかし、それが日常化すると、反省していなくても、「とにかく、ごめんなさいと言えば許してもらえる」と勘違いします。

コラッまた散らかして！
ごめんなさーい！
遊びに行ってきまーす

○良い例

子どもが反射的に「ごめんなさい」と口にしたら、「どうして謝ったの？」と本心を聞いてみましょう。どうしてそれが〝悪いこと〟なのか、本人にも考えさせましょう。

ごめんなさい
何が悪かったんだと思う？
どうすればいいのかな？

何でもすぐに欲しがる子どもになっていませんか？

子どもから「○○が欲しい」とおねだりをされたとき、つい子どもの笑顔が見たくて、すぐに買い与えていませんか。それだと子どもは、駄々をこねれば何でも手に入ると勘違いしてしまいます。

欲しい物、買いたい物ができたときは、ちょっと冷静になって、「今、単にそれが欲しいだけ」なのか、「実際に必要な物」なのか、それを考えてみる必要があります。

お子さんと一緒にじっくり話し合い、考えてみましょう。

買い物をするとき、常にその問いが脳裏にあると、無駄な買い物でお金を使うことがなくなります。そして、大きくなってもその考え方が癖になっていれば、堅実な生活を送れることでしょう。

これは、お母さん自身の買い物においてもいえることです。

✕悪い例

子どもが何かをおねだりしたとき、つい、喜んでもらいたくて買い与えてばかりいると、欲しい物は何でも自分のものにならないと気が済まない、ワガママな子になります。

ママぁ〜
新しいお洋服
買ってぇ〜
ねー
ねー
んー
もう…
しょうがないわ
ねぇ

○良い例

子どもが何か欲しい物をねだったとき、〝本当にそれが必要なものなのか〟を、子どもと一緒に考えてみましょう。衝動買いを我慢させるのも教育です。

似たお洋服
たくさん
持ってるわよね
じゃあこれ
今買わないと
いけないもの
かな？
うーん…
…買わなくて
いいかも…

子どもの顔色をうかがって甘やかして育てていませんか？

わが子かわいさに、ついつい子どもの言うことを聞いてあげたくなる気持ちは分かりますが、かわいがることと、甘やかしは違います。

子どもの顔色をうかがい、子どもの思い通りに甘やかしていると、子どもはどんなワガママでも通ると思い、親を軽く見るようになります。そのうちに欲望に制御が利かなくなり、思い通りにならないとふてくされ、キレるようになるのです。

家で自分の思い通りにできていた子どもは、他の大人も同じだと錯覚したまま社会に出て行くのですから、恐ろしいことです。小さいころから我慢を教えて、育てましょう。親には〝社会人として立派に成り立つ子を、今このときに育てている〟という自覚が必要です。むしろ、子どもに親の顔色をうかがわせるくらいの方が良いのかもしれません。

✕悪い例

子どもの言うことを何でも聞いて甘やかしていると、そのうち、子どもは自分が王様のような気分になってワガママばかり言うようになります。

○良い例

親の方が子どもよりも立場は上なのです。言いなりにならず、子どもに我慢させましょう。自分の思い通りにならないことを教えることは、将来のためにとても大切です。

スーパーで子どもの好き勝手を容認していませんか?

よくスーパーで子どもが走り回っているのを見かけます。最近では、お年寄りの買い物客が多くなっていますが、子どもが急に目の前を横切ったりすると、お年寄りにケガをさせてしまうかもしれません。子どもには母親のそば(後ろ以外の目の届く範囲)を歩かせるようにしましょう。

また、子どもが陳列棚の前で他のお客さんの邪魔になっていたり、直接口に入れる食料を子どもがベタベタと素手で触っているのを見かけることもあります。子どもに品物を取らせたりすると、商品が崩れがちなので、スーパー側にとっても喜ばしいことではありません。子どもにお菓子を買い与えるときは、選ばせても触らせず、お母さんが陳列棚から取りましょう。もちろん、お金を支払うまでは子どもの手に渡さないようにします。お金を払ってはじめて、自分の持ち物になると教えましょう。

×悪い例

店内で自分の子どもが走り回っていても気にしていないお母さんがいますが、他のお客さんにケガでもさせたなら、子どもは加害者、親の責任が問われます。

○良い例

子どもにはお母さんのすぐ後ろを歩かせましょう。お菓子やおもちゃのコーナーに行きたがっても、子ども一人で行かせないようにします。

子どもが友達を連れてきたとき ちゃんと紹介してもらっていますか？

お母さんは、子どもが友達を家に連れてくるようになると、「あの友達の顔は覚えているけれど、名前までは知らないわね」ということもあるかもしれません。友達が最初に家に来たときは、子どもにきちんと紹介させましょう。どこに住んでいるかも聞いてください。

そして、次から家に来たときは「○○ちゃんいらっしゃい」と、名前を付けて挨拶します。名前を覚えてもらえたことで、子どもの側も親近感を持ってくれるでしょう。意外と、子ども達の間でしか知らない情報も話してくれるかもしれません。

さらに親しくなったら電話番号も知っておきましょう。いざ何か問題が起きたとき、対処しやすくなります。

親同士でも顔見知りになっておくと、さらに良いですね。

✕悪い例

子どもにちゃんと友達を紹介してもらわないと、顔は覚えていても、どこの子なのか、さっぱり分からない、という事態になります。友人関係に気を配るなら、なおさらです。

あの子↓どこの子かしら…？
わーっ
すごい！

○良い例

お母さん！同じクラスのはなこちゃんよ
こんにちは
こんにちははなこちゃん
いらっしゃい

初めて家に来た友達は、子どもに、ちゃんと紹介してもらいましょう。お母さんが名前で呼んであげることで、友達も親近感を持ってくれるようになります。

友達の家でごちそうになったとき子どもに報告させていますか？

子どもが、遊びに行った先で、お菓子や飲み物、または、食事などをごちそうになることがあるでしょう。そういうときは、必ず、家に帰ったら報告する癖を付けさせましょう。「教えてくれないと、後でお母さんが困るのよ」と言ってください。

自分の子どもがどのようにお世話になったのか知らないと、実際に先方の家の人にお会いしても、お礼を言うことができません。その方もお礼を言われるためにしているのではないにしても、やはりお礼を言われるとうれしいものです。

お母さんが外でごちそうになったときも、夫や子どもに、どこどこで、こういうものをごちそうになったのよ、と報告するようにすると良いでしょう。子どもは親を手本にして学ぶものです。

×悪い例

子どもが、よそでごちそうになったことを教えてくれないと、お母さんは相手にお礼を言うことができません。相手の親御さんから見れば、礼節のない人に見えてしまいます。

○良い例

子どもには、よそでごちそうになったことを必ず報告させましょう。日ごろから、「教えてくれないと、お母さんが困るのよ」と言い聞かせてください。

ご近所から頂き物をしたとき家族みんなに知らせていますか？

お隣やご近所から、おすそ分けや頂き物をしたときは、家族全員に頂いた品を見せたり知らせたりしましょう。

今はお金さえ出せば何でも買えますが、人の心が動いた結果である〝頂き物〟は、品物の価値以上の〝心〟の贈り物であり、とてもありがたいことなのです。昔は、人から頂いた物は、神棚や仏壇にいったんお供えしてから頂いたものですが、今はどうでしょうか。

家族みんなが、誰から何を頂いたのかを知っていると、偶然、外で贈り主にお目にかかったとき、お礼が言えますね。それが、ご近所とのコミュニケーションであり、良い関係を築くのです。

ちなみに器を返すときは空で返さず、懐紙、半紙、はがき、庭の木の葉を入れてお返しします。それを、〝おうつり〟と言います。

ひとりで留守番ができる子になっていますか？

子どもが少し大きくなると、ひとりで留守番ができるようになるでしょう。でも、子どもが後追いして来ると出かけられないからといって、気付かれないようにそーっと出かけてはいけません。母親の姿が急に見えなくなった子どもはパニックになり、心に大きな不安を残します。そうなれば、かえって片時も離れなくなってしまうでしょう。

そこで、小さなころから、行き先や理由、帰宅時間などを言って聞かせ、予定の時間よりも早く帰るようにするのです。これは、家に他の家族が残っていても、お母さんが出かけるときは必ず行いましょう。そして、どんなことがあっても必ず帰宅時間は守ってください。

最初は子どもも不安に思うかもしれませんが、繰り返すうちに信頼関係ができ、子どもも留守番の時間を有効に使うようになります。

忙しいときにじゃれてきた子どもを「後にして」と突き放していませんか？

小さな子どもは、お母さんが忙しいときに限って、「ママ、ママ」とじゃれついて来たりします。つい、「今、忙しいから後にして」と言いたくなるでしょうが、ちょっと待ってください。子どもは、今のお母さんの心の中に自分がいないことを察知し、さみしくなってじゃれついて来るのです。そんなときにお母さんに突き放されれば、どれほど悲しくなることか。

単に「後にして」と言うと、子どもは不安で、そのときが来るまで何もできずじっと待ちます。しかし、「○時まで待っていてね」と、時間を言ってあげれば、その時間まで他のことをして待つようになります。

お母さんは約束の時間より早めに側に行き、待った子どもを褒めて抱きしめてあげましょう。そして、しっかり顔を見てお話を聞いてあげてください。そんなちょっとしたことが親子の信頼関係をつくるのです。

季節のお花を飾り
季節感のある料理を作っていますか？

日本には四季があります。春、夏、秋、冬、それぞれの季節ごとに花が咲き、また、四季を彩るいろいろな食べ物があります。日本の四季ほど美しいものはありません。この季節の移ろいの中で、四季を愛でる優しさ、美しさに対する儚さや愛しさなどの、日本人のきめの細かい情緒が備わったのでしょう。

〝季節〟を家庭に取り入れることにより、四季のある喜びを自然に感じ取れる子どもになるのです。

一年中咲いている外来種の花も色とりどりで美しいものですが、一輪でもいいので、日本の季節の花を部屋に飾りましょう。

お店で買った花でなくても、道端に咲いている草花で充分。たとえ花が咲いていなくても、色づいた葉だけでも素敵です。花入れは、花瓶を用意しなくても、お皿などの食器や、子どものおもちゃを利用してもいいでしょう。

そして母子で、「春が来たのね」「秋になったのね」とお話してください。日本の四季の風情を感じることのできる、情緒のある人間に成長することでしょう。初夏には〝布袋葵《ホテイアオイ》〟を、ありあわせの器に水を張って浮かべるだけで涼やかになります。

食事も、その季節しか口にできない料理を出しましょう。そこから、家族の会話が弾み、失ってはならない文化、日本人の優しさ、また、情緒が培われるのです。

美しい物を見て〝美しい〟と思う心が、その人の〝人生〟まで左右するといわれています。

第3章
家族の一員として

夫の話より子どもの話を優先して聞いていませんか？

夫婦で話しているときに子どもが割り込んでくると、お母さんは、子どもかわいさから、つい夫よりも子どもの話を先に聞いてしまいがちです。でも、そこで子どもを優先させてはいけないのです。

親が話をしているときに子どもが割り込んで来たら、「今、お父さんとお話し中だからね」と、夫婦での話が終わるまで、子どもを待たせましょう。これは、物事の秩序を教えることになるのです。

いつも子どもを優先させていると、誰が話していていても「自分の話を聞いて！」と、割り込んでくる子どもになってしまいます。このまま成長していったら、何でも自分中心に物事を進めようとするようになり、とても困りますね。〝今、会話をしても良いのか悪いのか〟を感性で感じ取れる、いわゆる〝空気を読める〟子どもになってもらいたいですね。

✕悪い例

夫の会話よりも、後から割り込んで来た子どもの話を優先すると、〝いつでも自分が主役〟じゃないと気が済まない、困った子どもになってしまいます。

○良い例

夫婦で会話をしているときに子どもが割り込んで来ても、よほどのことでもないかぎり、子どもには順番を守らせましょう。それが、秩序を教えることになります。

子どもの前で誰かのうわさ話や陰口を言っていませんか？

子どもの目の前で、誰かのうわさ話や陰口、あるいは日常生活での愚痴をこぼしたりしていませんか？

お母さんの言葉を、子どもはどんどん記憶していきます。人のうわさ話や、人の陰口ばかり言っている母親の子は、母そっくりになるか、母を軽蔑《けいべつ》して離れてゆくかのどちらかです。

誰かに言いたいことがあるなら、陰で言っていないできちんと本人と話し合うべきであり、愚痴や陰口で物事が好転することはありません。

それにもし、子どもがうわさ話や陰口ばかり言う子になったらどうしますか。うわさ話を吹聴して回る人には、誰も信用を置けなくなります。陰口ばかり言っていれば、クラスの嫌われ者になりかねません。

また、夫婦で長い間一緒に生活していると、親しさゆえに、つい冗談で夫をバカにしたような言葉を口にしてしまうこともあるでしょう。または、悪口ではないにしても、夫の悪いところを子どもの前で非難がましく口に出してしまうことはありませんか。

子どもは、父親から〝尊敬〟、母親から〝愛〟を教わるものです。しかし、お母さんが夫をバカにしたり非難したりしていると、それを聞いている子どもにとっては、「あなたのお父さんは大した人ではないのよ」と言われているのと同じなのです。これでは、父を〝尊敬〟できるわけがありませんし、父を汚くののしっている母から〝愛〟を感じることもありません。

母親は子どもにとって〝憧れ〟なのです。〝母親の口から出る言葉は美しい言葉だけにしよう〟と決心してみませんか。発想の転換をして、プラスの言葉を口から出すように努めてみてください。

それに、汚い言葉を口にしているときは醜い顔、美しい言葉を口にしているときは美しい顔をしているものです。そのことを忘れないようにしてください。

自分が叶えられなかった夢を子どもに押しつけていませんか？

親は、自分が叶えられなかった夢を、子どもに託したいと思う傾向にあります。うまくいけば喜ばしいことですが、往々にして、親の思い通りにいかないことが多いものです。さらには、その〝親の思い〟が子どもにとって精神的な負担となり、プレッシャーによるストレスが子どもの心をゆがめることもあります。

ゆっくりできるときに、子どもに、〝したいこと〟〝なりたいこと〟〝憧れていること〟を聞いてみましょう。そして、「そうなるように努力しましょうね、お母さんも協力するわ」と手を握ってあげましょう。そのとき、お母さんが〝したかったこと〟〝なりたかったこと〟も話します。子どもはお母さんのことも聞いているので、才能があれば、そちらに近づくように努力するでしょう。決して〝何々しなさい〟と決めつけないことです。

父親に叱られている子どもをお母さんがかばっていませんか？

お父さんが子どもを叱っているとき、お母さんは子どもがかわいそうに思えて、ついかばってしまいがちです。

でも、お父さんが子どもを叱るのには理由があるはずです。お母さんが子どもをかばってしまうと、叱っている意味がなくなるどころか、お父さんの立場がなくなります。さらに、子どもは自分が叱られていることを忘れ、かばってくれる母親だけが大切な存在になります。決してかばわないでください。後で無言で抱きしめるだけで良いのです。

父と母の意見が一致していないと、子どもは、何が正しいのか分からなくなり、優しくしてくれた方に心が動きます。その結果、正しい判断ができない子に育つのです。父親が叱っていることと意見が合わないときは、後で、子どもの居ない場所で夫婦で話し合ってください。

夫や子どもの前で大口を開けてあくびをしていませんか？

人は、親しい人の前では、つい、〝あくび〟〝せき〟〝くしゃみ〟〝のび〟などを平気で見せるようになり、そして、やってしまってから、笑ってごまかしてしまいます。

今の子どもは、親しい人どころか、誰の前でも恥ずかしげもなくそれらをしますが、それは、親がそうやっているのを見ているからです。

お母さん、自分の子どもの前とはいえ、平気で大口を開けて、あくびなどを見せないでください。子どもが、大口を開けて、お母さんそっくりなあくびをしないためにも。

〝あくび〟〝せき〟〝くしゃみ〟などは、人から顔をそむけ、手で口を覆い、おおげさにならないようにしましょう。もちろん、〝のび〟も人目に付かないところでやるようにしましょう。

ふわあぁ…
ふわあ～

✕悪い例

子どもの前で大口を開けたあくびを見せると、子どもは同じ姿を誰の前でも見せるようになります。大口を開けるのは身内だけ、というルールは小さな子どもには通じません。

○良い例

〝あくび〟〝せき〟〝くしゃみ〟などは、人から顔をそむけ手で口を覆いましょう。〝のび〟も人目に付かないように。子どもにもやり方を教えましょう。

ふわぁ…
あくびって
手で隠すのね…

他の人の会話に割り込んで自分の用件を優先させていませんか？

誰かが他の人と話をしているときに、自分の用件を優先させようと割り込んで来て、他の人の会話を中断させる人がいますが、これは、大変失礼なことです。

自分の用件を伝えたいときは、よほどの緊急の用件でもない限り、会話が途切れるタイミングを見計らって話し始めるのがマナーです。

また、自分が他の人と話をしている最中でも、そばに自分に用がありそうな人がやって来たら、その人の様子や表情から話の重要度を推測して、どちらの会話を優先するかを判断してください。

後から来た人の方が重要そうだと判断すれば、会話中の人に断ってから、順番を待っている人に「何かご用ですか？」と聞いてあげるとよいでしょう。

✕悪い例

誰が話していようとお構いなしに、自分の用件を伝えるために会話に割って入るのは、とても自分勝手な行為です。子どもが真似ると大変です。

○良い例

他の人と会話中の人に、自分の用件を伝えたいときは、会話が途切れるタイミングを待ちましょう。自分が逆の立場の場合、意図的に途切れる瞬間を作ってあげると親切です。

人に物を渡したり受け取ったりするとき片手でやりとりをしていませんか？

人に物を渡したり受け取ったりするとき、つい、片手でやりとりすることはありませんか。

急いでいるときでも、両手を使いましょう。両手で受けるということは、その物を大切にしているという形であり、また、相手をも大切に思っているという意味なのです。

ご主人に片手で新聞を渡したり投げて渡したり、あるいは無意識に片手で受け取っていませんか。お母さん自ら、いつも両手で物を扱う癖を付けましょう。相手への尊敬の念や優しさが感じられ、それを見て育つ子どもも、先生から渡されるプリントを両手で受け渡しするようになるでしょう。ちなみに、物の真ん中を両の手のひらを上に向けて扱うのが、一番、相手を尊重している形です。

✕悪い例

物を受け渡すとき、投げたり片手で扱っていると、子どもも、それでいいと思ってしまいます。誰の物でもそのように扱う癖がつくと大変です。

おーい！
新聞
取ってくれ！
はいよっ
ぽいっ

○良い例

家庭でお母さんが両手で物の受け渡しをするようにすると、子どもはそれを見習い、先生や他の大人に対して自然に両手を使うようになります。

夕方、雨が
降りそうだから…
はい傘
ありがとう

ほうきや雑巾の正しい使い方を子どもに教えていますか？

最近のご家庭では、掃除機やモップでお掃除や拭き掃除をすることが多いと思いますが、学校やキャンプなどでは、ほうきを使ったり雑巾がけをすることがよくあります。

ほうきで掃いたり、雑巾がけをしたり、また、水をまいたりするときは、後ろ向きに下りながら行うのが基本です。これは、きれいにしたところを自分の足で踏まないためです。広い場所や長い廊下などを拭くときなど、例外的に前に押して雑巾がけするときもありますが、丁寧な拭き方は後ずさりです。

また、雑巾をしぼるときはバケツ一杯に水を入れず半分程にします。これは雑巾を洗ってしぼるとき、バケツ一杯入っていると周りを水で汚すからです。こういうことも家庭で教えると良いですね。

前進
前へ進みながら
掃除すると自分の足で
汚してしまう…

✕悪い例

前進しながら、ほうきで掃いたり雑巾で拭いたりすると、せっかくきれいにした場所を自分で踏んで汚してしまいます。夏の玄関の水まきも同様です。

後ろへ下がりながら掃除
すれば、掃除した場所を
汚さずに済む
後退

○良い例

掃き掃除、拭き掃除とも、掃除した場所を自分で歩いて汚さないために、後ずさるようにします。雑巾用のバケツの水も半分くらいにし、絞ったときに水が飛び散りにくいように配慮します。

トイレットペーパーの取り替えを子どもにもさせていますか？

お母さんがいつも気を利かせてトイレットペーパーを取り替えていると、いつも新しくなっているのが当然だと子どもは思ってしまいます。自分が使用して少なくなっていたら、次に使う人のことを考え、最後まで使わなくても新しいのに取り替えることを子どもにも教えましょう。そのためにはペーパーを手の届きにくい棚の上に上げてしまうのではなく一つは手近に置いておきましょう。

また、お客様の見える日は、少なくなっていなくても新しいのに取り替えておくと、お客様も気持ちが良いものです。その際にホテルのように端を三角に折るご家庭もあると思いますが、あれはホテル側が〝清掃・消毒済み〟というしるしとして折っているのです。本来は家庭では折らなくていいのですが、〝きちんと感〟があると思うなら折っても良いでしょう。

部屋の床に物が散らかっていませんか？

朝に読んだ新聞や、雑誌、おもちゃ、雑貨など、さまざまな物を部屋の床に置きっぱなしにしていませんか。そして、それらをまたいだりしていませんか。

物をまたぐということは、とても恥ずかしいことなのですが、お父さんやお母さんがそうしていると、子どもも、何とも思わずに物をまたぐようになってしまいます。

また、部屋の中にゴミが落ちていたら、普通は、すぐに拾って捨てるものですが、床が乱雑になっているとゴミにも気が付きません。ゴミに気付いたら拾って捨てるように、子どもに教えるためにも、部屋の整理整頓は必要なことなのです。使った物は、また使うからと適当に床に置かず、すぐにもとの場所に戻す癖を付けましょう。

洗濯物を子どもにもたたませていますか？

時間のあるときなどは、子どもと一緒に洗濯物をたたみましょう。そのとき、まず、一緒に手を洗ってください。そして、手のひらで少々のシワを伸ばしながら、Tシャツ、下着、ソックス、ハンカチ、その他いろいろな衣類のたたみ方を教えてあげてください。

同じ種類の物は同じ大きさにたたむこと、そして、自分の物は自分の引き出しに片付けさせましょう。慣れてくると、どんどん上手にたたみ、きれいに引き出しに整理するようになるでしょう。

時々、お母さんは子どもの引き出しを見せてもらい、きれいに整理ができていたら大いに褒めてあげてくださいね。

引き出しは、体の上側に身に付ける物は上の段の引き出し、靴下などは下の引き出しに入れましょう。

年中行事を家庭の行事に取り入れていますか？

年中行事とは、一年の中で毎年決まった時期に行われる行事のことです。お正月、豆まき、雛祭り、端午の節句、七夕などの日本の代表的な年中行事だけでなく、地域によってもさまざまな年中行事があります。

日本は古来より、自然界を支配する目には見えないもの（神）にすがり、感謝・祈願・畏怖の念を抱いてきました。

その、目には見えない自然界に対し、時期を定めてお供えをすることで感謝を表し、庇護を願ったのです。そのお供え物が、柏餅や菱餅、鮎やお赤飯でした。季節のお花も然りです。

今では、外国のクリスマスやハロウィンなども、当たり前のように楽しむようになりましたね。それぞれ季節感があり、子どもの情緒面の発達に役立つことでしょう。

Column

リビングに親子共有の本棚を置きませんか

リビングなど、家族が集まる部屋の中に、親子が共有で使う本棚を置いてみませんか。小さなお子さんの絵本、小学生のお子さんの本（ただし教科書以外）、お父さんやお母さんの本も、一つの本棚の中に並べて置いておきましょう。子どもは、大人と同じ本棚に自分の本があることで、一人前に扱われた気持ちになって嬉しくなります。

同じ本棚に置いておくことで、親からは、子どもが今どんな本を読んでいるのか、どんなことに興味を持っているのかがわかり、子どもも、自然に親の本を目にすることになります。子どもは、親が読んでいる本の題名を無意識に覚えることでしょう。題名を覚えていることで、子どもは大きくなったときに、その本に興味を持って読むかもしれません。

読書の時間を決め、親子で同じ部屋で読むのも良いのではないでしょうか。

第4章

食事から学ばせること

ご飯のおかずを何にするか子どもに聞いていませんか？

普段の食事の献立は、お母さんが考えてください。今、子どもにどの栄養が不足しているのか、何を食べるようにしたいかは、お母さんの献立にかかっています。

いつでも子どもに食べたいものを聞くのはやめましょう。子どもの好みを聞くのは、何かのご褒美のときや、誕生日が良いでしょう。子どもの服を選ぶときも同じです。お母さんのセンスの良さを伝えるいい機会です。

何でも子どもの意見を聞いていると、子どもは自然と〝王様〟になり、自分の思い通りにならないと、癇癪《かんしゃく》を起こすようになります。

それがそのまま大人になり、社会人になり、自分の思いが通らないとストレスをためるようになるのです。そのストレスが爆発すると、恐ろしいことになりかねません。

×悪い例

いつも子どもに食べたいものを聞いていると、子どもの好きなものばかり食べて栄養が偏ります。また、何でも自分の思い通りにならないと気が済まない、ワガママな大人になりがちです。

お昼は何
食べたい？
ぼく
ハンバーガー！
あたし
オムライス！

○良い例

普段はお母さんが子どもの栄養を考え、献立を考えてください。子どものリクエストは、ご褒美や誕生日のときなどに聞いてあげると良いでしょう。

＜普段＞
MILK
えーっと
＜特別な日＞
今日はお誕生日
だから
好きなもの作って
あげる
わーい！

飲食店で親より先に子どもが注文していませんか？

飲食店などで、小さな子どもが自分で、食べたいものをお店のスタッフに注文している姿を見ることがありますが、小さいうちはお母さんが子どものメニューを選ぶ方が良いですね。もしくは、親が子どもに食べたいものを聞いて、親が注文するものです。

子どもが小学校へ上がり、高学年になるころには、自分で好きな物を注文するようになりますが、それでも子どもに「あなたは何にするの？」と先に聞かずに、「お母さんは○○にするけど、あなたは？」と聞くようにすると良いでしょう。

ささいなことですが、いつも子どもを優先させていては、どこへ行っても自分が主役と思うようになります。小さいころから、慎みを身に付けさせましょう。

×悪い例

いつも子どもから先に、飲食店の店員に自分の食べたいものを注文させていると、どこへ行っても〝自分が一番に注文しないと気が済まない〟ワガママな子どもになります。

ぼく
おこさま
ランチ！
えーっと
私は…
はい！
あたちも!!
はい！
はい！

○良い例

お母さんは
チーズドリアに
するけど
マーくんは？
このカレー
チーズドリアと
チキンカレーを
お願いします

子どもの注文を聞くのは、親の注文の後。これは、子どもが目下だからです。また、お店のスタッフに注文を告げるときも、親がリーダーですから、まとめて注文するといいでしょう。

外食のとき子どもが先に自分の好きな席に座っていませんか？

ファミレスなどの飲食店で、子どもがわれ先に走って席に座る光景をよく見かけますが、いつもいつも自分の好きな場所に座る癖を付けてしまうと、どこに行ってもそのような癖が出てしまいます。ここでは親がイニシアチブをとり、子どもの座る場所を指示しましょう。

通常は、上座・下座を考えて座らせます。上座は入り口から一番遠い方（奥の方）の席、下座は入り口に近い席です。通常は、上座には年上の人が座り、下座はその反対ですが、状況により変わります。

子どもが小さなうちは、じっとしていられずに席を立ったり、よく動きますので、通路側でない席やホールスタッフの仕事の邪魔にならない席に座らせて、大人が子どもの行動をブロックする位置に座るようにすると良いでしょう。

ぼく
窓ぎわ！
ずる〜い！
まんなか
がいい！

✕悪い例

いつも子どもに好きな席を選ばせていると、子どもに目上目下の概念が育ちません。また、小さな子どもは動きたがるので、通路側の席は迷惑になります。

○良い例

奥が上座
小さい子は
通路側でない
席に座らせる
子どもは下座

子どもが小さいうちは通路側ではない席に座らせ、大きくなったら、下座に座らせましょう。通常、入り口に近い席が下座、奥の席が上座です。

家族で食事をする時間を決めてありますか？

それぞれの家庭には事情があり、一定した時間に家族で食事が取れない家庭もあるでしょう。朝も夜も一人で食事をしている子どもが増えていると聞きます。でも、親の都合で食事の時間が遅くなったときなどに、間に合わせにジュースやスナック菓子を与えるのはやめましょう。待つことをさせず与える癖を付けると、ちょっとお腹が空くと買い食いをするようになり、それぞれ勝手な時間に食事をするようになりかねません。そうなれば家族のだんらんもなくなるでしょう。

我慢をさせることも、人格をつくる上で大切です。お腹を空かせて家に帰り、家族で食卓を囲みましょう。お母さんも特別なことがない限り時間を守るように努めてください。家族で食事をする、これがまず家族の絆を深める第一歩です。

✕悪い例

とりあえずのお菓子
少し遅くなるから
お菓子でも
食べてて
ポテチョ

できるだけ、子どもと一緒に食事をとりましょう。ただし、食事の時間が遅くなるからといって間食させる癖を付けると、買い食いするようになり、余計に皆で食事する機会が減っていきます。

○良い例

遅くなって ごめんね
すぐ 夕飯作るから 待ってて
はーい！

毎日の食事の時間は、できるだけ同じ時刻にしましょう。少し遅れる場合でも、間食はさせないようにします。我慢させることで、家族のだんらんの大切さを教えます。

お子さんはお箸を
ちゃんと持てていますか？

今、ちゃんとお箸を持てない子どもが増えています。箸を持つ形は決まっていて、その形は一番力が入れやすい形です。食べ物をはさみ、すくい、つまみ、引き裂くのに一番適した形なのです。

箸だけで食事をするのは日本だけですが、この二本の棒切れを上手に使うことにより、日本人の指先の器用さが培われたとも言われています。

大人になってお子さんが恥ずかしい思いをしないように、小さいうちからちゃんとした箸の持ち方を教えましょう。そのときに、お箸でやってはいけないマナーとして最低限、〝刺し箸〟〝迷い箸〟〝渡し箸〟〝寄せ箸〟〝涙箸〟〝ねぶり箸〟などは教えておきましょう。さといも、こんにゃくなどの滑りやすい物は、箸を短く持てば上手につまむことができます。また、お箸の先は3センチ以上汚さないように食事をすることも礼儀です。

✕ 悪い例

子どもが小さいうちから、正しい箸の持ち方を教えましょう。〝刺し箸〟〝迷い箸〟〝渡し箸〟〝寄せ箸〟〝涙箸〟〝ねぶり箸〟はマナー違反ですから、これらも教えておきましょう。

✕刺し箸
グサッ
✕迷い箸
ウロウロ
✕渡し箸
はーい
✕涙箸
たらたら
✕寄せ箸
よいしょ
✕ねぶり箸
なめなめ

◯ 良い例

正しく箸を持てば、はさみ、すくい、つまみ、引き裂くことができます。小さいものやすべるものも、箸を短く持てばつまみやすくなります。箸の先は3センチ以上汚さないのも礼儀です。

中指の第一関節で支えて、人差し指を添える
親指で挟み込む
薬指の第一関節で支える

料理を食べる順番を考えながら食べていますか？

好きなものからガツガツと食べると、はしたなく見えます。順番を考えながらいただきましょう。和食なら、まず、お箸を湿らせるために、お吸い物からいただきます。次に、ご飯、それからおかずです。

おかずは、夏なら冷やされている物、冬なら温めて出されている物、また、メインのおかずから箸を付けます。基本は、味の淡泊な物から順に、濃い物に箸を移していきます。お刺身ですと、まずは白身からです。

和食洋食とも、一匹の骨付きの魚は上身を食べたら、骨を外して上部にずらし、次に下身をいただきます。裏返してはいけません。歯でちぎった物は元の皿に置けないので、箸で小さくちぎって食べる癖を付けましょう。洋食と違い、和食器は手で持っていただきます。天つゆ、刺身しょう油もそうです。食後は見苦しくないようにお皿に心配りしましょう。

食事のときの会話のタイミングは意識していますか？

近年では、家庭で全員が揃って食事をすることが少なくなっていると聞きます。そういう一人での食事が多いためでしょうか、いざ多人数での食事のときに、相手に気を遣わない人を見かけます。

口に食べ物を入れたまま、あるいは噛みながら、人に話しかけることがいけないことは誰でも知っていますが、意外と、相手が食べ物を口に運んだ直後に話しかけている人が多いのです。相手は飲み込むのにあわててしまいます。自分の都合だけで話しかけないこと、相手の状況への配慮が大切です。

家庭の日常で、この訓練をしておかなければ急にはできません。お互いの状況を意識しつつ会話を楽しみながらの食事は、自然と、ゆとりのある、ゆっくりとした食事となるでしょう。

熱い飲み物や食べ物をフゥフゥ吹いていませんか？

お子さんの離乳食を、フゥフゥ吹いて冷まして与えていたころの名残でしょうか、レストランなどで、口で吹いて冷ましてから口に運ぶ女性を見かけます。見るからに熱くない食べ物でも、一度吹いてから召し上がっている方もいます。

食べ物を口で吹く仕草は、食事のときのマナー違反です。本人はそれが分かっていないない、あるいは、小さいときの癖がそのまま残っているのだと思いますが、美しい仕草ではありません。自然に冷めてからいただくと良いでしょう。

スープなどは、最初に少量をスプーンに取り、口に当てると熱さが分かるはず。椀物・お茶などは、器を持って器の熱さでそれを察知すれば良いのです。子どもにフゥフゥを真似されないようにしましょう。

ふーっ
ふーっ
ふー
ふー

✕悪い例

食べ物を口に運ぶときに、フゥフゥと吹いて冷ますのは、食事のマナー違反です。人がたくさんいる外食店でそれをやるのはみっともない行為なのです。

○良い例

フゥフゥと吹かなくていいように、スープなどは、まず少しだけスプーンに取って口に運び、熱さを確かめます。器を持てるなら器の温度で確かめても良いでしょう。

お吸い物のお椀を
手で触って
熱さを測る
そっ…
熱さを測るように、
スープを少しだけ
スプーンで口に運ぶ
スッ

レストランで食べ終わった食器を子どもが重ねていませんか？

子どもが少し大きくなると、お手伝いのつもりで、自分の食器を重ねて台所まで持っていくかもしれません。ただ、いつもそのようにさせていると、子どもは食事が終わると、すぐに食器を重ねる癖が付きます。

しかし、食器を重ねる行為は、レストランや、およばれのときには、マナー違反となるのです。実際にレストランなどで、いい大人が、食事が終わると同時にお皿を重ねているのを見かけることがあります。お店の人でなくても、思わずこちらまでヒヤヒヤします。

月に一、二度は、家族揃って食事の速度を合わせて食べる日（１２６ページ参照）を作り、その日は食器をそのままで席を立たせ、お母さんが全部片付けるようにしましょう。子どもにとって、食器を重ねて良いときと悪いときがあることを学習する機会となります。

✕悪い例

あ
ガチャ
ガチャ

レストランなどでは、お皿を重ねてはいけません。子どもに、〝食べ終わった食器は重ねるもの〟と覚えさせると、レストランなどでも、食べ終わったお皿を重ねていってしまいます。

◯良い例

子どもに片付けさせず
お母さんが片付ける
日をつくる

普段は食器を運ばせていいのですが、たまに、お母さんが給仕係をやってみせ、ときと場所によっては、食器を重ねてはいけない場面もあると子どもに教えましょう。

毎日の食事は お母さんの手作りですか？

今の時代、できあがったお惣菜をどこでも売っていて、しかも美味しく作られていますね。便利だからといって、つい食事のおかずを、買ってきたお惣菜や冷凍食品で済ませていませんか。

子どもを味音痴にさせないためにも、母親の手作りの味を覚えてもらいましょう。手伝わせて一緒に作ったり、たまには、母と子の創作料理を考えるのもとても良いことです。何をどれだけ入れると、どんな味になるか覚えるでしょう。

また、子どもが食事の時間が楽しみになるように、お母さんがエプロンをして楽しそうに料理している姿をたくさん見せてください。お母さんが食事を作ることは大切なことなのです。子どもが成長したときに思い出す、〝おふくろの味〟が冷凍食品の味にならないためにも。

食事のときにだらしない姿勢で椅子に座っていませんか？

最近では、健康食を気にする人が多くなってきましたが、反面、食べ物に対する〝ありがたさ〟が薄らいできているように見えます。多くの女性がスカートではなくパンツをはく時代。食事の際に足を組んだり、膝頭を開いて椅子にかけている人も多く見受けられます。しかし、食べ物に対する感謝の気持ちを表わすのは、まず姿勢を正すことなのです。

両膝を閉じ、椅子の背に寄りかからずに、〝腰骨〟を立てて座りましょう。この〝腰骨を立てる〟ことにより、脳の前頭葉にある自己抑制機能が弛緩せず、そればかりか、緊張感のある良い顔付きになるのです。

この正しい食事の姿勢は国際マナーでもあります。お母さんが正しく美しい姿勢で食事をしていると、子どもも同じようになります。ぜひ、子どもに真似をされるお母さんになってください。

食事のとき子どもに
つい小言を言っていませんか？

日ごろから忙しいお母さんは、子どもが目の前に座っている食事のときに、つい小言を言ったり、済んだ話を蒸し返したりしてしまいがちです。これでは、食事の場が嫌な空気になり、せっかくのごはんが美味しくいただけません。

食事のときの会話は楽しい会話だけにしましょう。人の嫌がる話や、わいせつな話、不潔な話は厳禁です。また、愚痴や陰口はもちろんのこと、小言や説教も避けるべきです。美しい話、楽しい話で食事のときの家族の団らんを楽しみましょう。

昔から、日本では〝花鳥風月《かちょうふうげつ》〟（自然の美しい風物）の会話が良しとされ、外国でも食事中の会話でその人の教養が問われるのです。このマナーを身に付けた子どもは、社会に出ても社交上手になるでしょう。

宿題
やった？
また
テストで
悪い点取ってない？
この前だって…
くどくど…

✕悪い例

お母さんは、子どもが一緒のテーブルに着いている食事のときに、つい小言を言ってしまいがちです。過去の失敗まで蒸し返すと、子どもは食事の時間が嫌いになります。

◯良い例

食事のときには、楽しい事柄や、美しい事柄を題材とした会話を心がけましょう。食事の時間が楽しくなれば、より一層、ごはんが美味しく感じます。

美しい事柄に楽しい話題

食卓にいる全員の速度に合わせて食事をしていますか？

朝は忙しくて、早く出かける人から先に食事を済ませてしまいますが、せめて夕食ぐらいは、家族が揃ってから一緒に食事を取りたいものです。

家族揃っての食事は、家の長老（祖父、祖母がいなければお父さん、お母さん）が食卓に着いて箸を取り上げるまでは、他の者は箸を取らないようにします。また、食事が全員終わるまでは席を立ったりしないものです。

これは、食事の速度を合わせるマナーです。〝見合わす心〟です。

毎日が無理でも、月に一度や二度、家族揃って食事の速度を意識する日をつくりましょう。その日は全員の食事が終わるまで、片付け始めないでくださいね。そうすることで、子どもは給食の早食い、または、ゆっくり過ぎて他に迷惑をかけることもなくなるでしょう。

子どもが社会人になったとき、この〝見合わす心〟が役に立つのです。

だらだら～
自分一人だと
自分勝手なペースになる

✕ 悪い例

いつも家族がバラバラに食事をしていると、子どもは、他の人のペースに合わせる習慣がなく、集団生活になると、食べるのが早すぎたり遅すぎたりしがちです。

○ 良い例

全員が食べ終わるまで席を立たない
ことで、ペースを合わせようとする
もぐ
もぐ

せめて夕食の時間や、休日などは、家族全員で食事をしましょう。長老が箸を取ってから食べ始め、全員が食べ終わるまで席を立たないようにします。

Column

アナログ時計の見方を子どもに教えましょう

デジタル時計は正確に時間を知りたい場合に便利ですが、普段、子どもが見る時計はアナログ時計が良いと思います。

無機質な数字が並ぶデジタル時計に比べ、針が物理的に動いていくアナログ時計は、それ自体が“時間の流れ”を感じさせます。しかも、デジタル時計は“現在の時刻”のみを表示していますが、アナログ時計は「予定時刻まであと何分?」「どのくらい時間が経った?」ということを、直感的に読み取ることもできます。

ただし、小さなお子さんだと、アナログ時計から時間を読み取るためには練習が必要でしょう。お母さんが「今、この時計は何時でしょう?」とクイズにしても良いですね。当たったら大いに褒めてあげてください。慣れたら、時計の針の進みや遅れの調整も子どもにやらせてみましょう。時間を大切にするような人間になってくれれば嬉しいですね。

第5章
外出先でのマナー

学校行事のときにまで子どもにベッタリではありませんか？

親子で参加する学校行事などで、子どものすぐ後ろに立ち、常に子どもの髪に触れたり、肩に手をかけたり、また、子どもの答えることまで指示しているお母さんを見かけます。そのお母さんの子どもも、ずーっと親を意識して、後ろを振り返ってばかりいます。

これでは、お母さんが子どもの自立意識を止めていることになり、子どもも、いつまでも親離れできないでしょう。

学校や外での行事に参加するときは、子どもの自立のための機会であると考え、意識して子どもと距離を置いて立つのです。そうすると、子どもは自分の意志で行動するようになります。

子どもが大きくなってから困ったことにならないように、近すぎない距離で子どもを見守り、親離れ、子離れを少しずつ実践していきましょう。

✕悪い例

学校行事に親子で参加したときにまで、子どもを気にかけていては、子どもは親離れできません。お母さんがいないと何もできない大人になってしまっては大変です。

○良い例

学校行事に親子で参加するときは、子どもの自立意識を促す良い機会です。お母さんは、意識して子どもと離れ、子どもが自分で考えて行動しなければならないようにしてあげましょう。

授業参観や保護者会に場違いな服で参加していませんか？

普段、家の中にいるときは動きやすいラフな服装でかまいませんが、授業参観や保護者会、病院へのお見舞いや食事会など、どこへ行くにも、家で着ているラフな服装で通すというのはいかがなものでしょう。

また、服装は表現のひとつなので、普段は何を選んで着ても良いのですが、学校行事への参加の際に、流行のヒラヒラやスケスケの服、サンダル、胸の開きすぎた服はいかがなものかと思います。女性ですから、流行を追うことに楽しみがあるのも分かりますが、流行をすべて取り入れるのではなく、そこは相手のいること、失礼のないように心配りが必要です。

服装の表現によって、相手を重んじているか軽んじているかを判断されるのが、服装のマナーなのです。

〝私〟と〝公〟に分けて考えてみてください。普段のお出かけは〝私〟、学校や保育園に行くときは〝公〟です。学校や幼稚園に保護者として行くときは、少し控え目の服装が良いでしょう。

ＴＰＯ（時と場所と場合）に応じた服装を心がけることで、子どもにも、いつもと違うという緊張感が伝わります。このような場面では、このような服を着るものであると、母親が身をもって子どもに教えてください。自分の立場を知ることが大切です。知らないうちに恥をかかないようにしましょう。

高い服や小物を身に付けているお母さんは、テレビや雑誌の影響が大きいと思うのですが、あれらはすべて営業なのです。お母さんはタレントではありません。高い物でなくても、品格のある服装を心がけたいものです。そしてそれを、子どもに伝える義務もあるのです。

最近では、学校や幼稚園の先生の中にも派手な服装の人がいますが、せめて保護者から「こんな先生で大丈夫か？」と思われないような服装を心がけてもらいたいものです。

✕悪い例

学校行事に参加するとき、ラフな服装では公私の区別がありません。また、パーティーではありませんから、派手すぎる服装も場違いになります。

○良い例

授業参観のときなどは、〝親〟らしい服装で、ビシッと決めましょう。子どもにも〝いつもと違う〟緊張が伝わります。TPOを考えた服装の手本を子どもに見せましょう。

学校行事にめんどくさそうに参加していませんか？

お母さん、忙しいときに無理をして学校行事に参加するときなど、ついその大変さを口に出したり、めんどくさそうな態度に表していませんか。どんな理由があれ、一度、出席を決めて参加する以上は、その状況を楽しみ場を盛り上げる、心の柔らかさと協調性を持ちましょう。その方が、自分も楽しくなります。どうせ同じ時間を過ごすのなら、積極的に参加して楽しんだ方が得ですよ。

また、学校行事に必ず遅れて来る人は、イヤイヤながら参加しているように見えます。あまり早く行く必要はありませんが、せめて10分くらいは早く着くようにすると良いでしょう。行事に参加しやすい、心のゆとりができます。めんどくさそうに参加していると、子どももそれを真似して、非協力的な子どもになりかねませんよ。

子ども連れでの学校行事や講演会で前の方の席を取ろうとしていませんか？

学校行事や講演会に参加したくても、小さな子どもを一人にしておくことのできないお母さんは大変です。子ども連れでも大丈夫な会であれば、子どもの体調を確認しつつ一緒に出かけましょう。ただし、講演会の会場に入るときは、できるだけ入り口の近くにいることです。

子どもは、講演者が話し始めると一緒に声を出し始めたり、奇声を発したり、ぐずって泣き始めることがあるため、周りの人に迷惑をかけかねません。また、ぐずり始めると、お菓子や飲み物を与える母親がいますが、たいていは会場となるところは飲食禁止になっているものです。子どもといえども例外ではありません。ですから、子どもが騒ぎだしたらすぐに退出できるよう、入り口の近くが便利なのです。人に勧められても、前列や真ん中には座らないようにしましょう。

前や中央の席だとすぐに退出できない
うわあああん

✕悪い例

講演を聞くとき、小さい子どもが一緒なのに、一番前や真ん中くらいの席に着いてしまうと、子どもがぐずったときに周りに迷惑をかけてしまいます。

○良い例

入り口の近くの席ならすぐに退出できる
EXIT
うわ〜ん
タタタ
ツ

小さな子ども連れで講演会に行くときは、子どもがぐずったらすぐに会場の外に出られるように、入り口の近くの席にいましょう。

親子で行事参加するとき時間ギリギリで着いていませんか？

学校の行事によく遅刻したり、ギリギリの時間に走り込んで来たりする親子を見かけます。

お母さんはいろいろ忙しくて、どうしてもそうなるのかもしれませんが、これは癖になり、人を待たせて平気になる第一歩です。どんなことがあっても早めに参加できるように努力しましょう。お母さんが時間にルーズな家の子どもは必ず同じになり、お子さんのしつけにも良いことではありません。

早めに目的地に着くと、心にゆとりが生まれます。その場の雰囲気に慣れ、その後の行動や習得が落ち着いてできます。その結果、成果が上がることになるのです。子どもが将来、試験を受けるときなど、影響が大きいので、お子さんのためにも、何事も早めにすることを心がけましょう。

ギリギリに到着した場合
よし
セーフ！
バタバタ
バタ
入学おめでとう

✕悪い例

お母さんが時間にルーズだと、子どもも似てしまいます。いつも時間ギリギリに到着することに慣れた子どもは、大きくなってから苦労することでしょう。

○良い例

小さいうちから、〝早めに目的地に着くこと〟を習慣にしましょう。時間のゆとりだけでなく、その場の空気にも早く慣れることができるので、精神的にもゆとりができます。

早めに到着した場合
今日から
この学校で
勉強するのよ
わぁ〜
中央小学校入学式

ＰＴＡや保護者会などの仕事を一人でやりすぎていませんか？

学校のＰＴＡや保護者会、その他のさまざまな会で、親切心や利発さも手伝ってか、あれもこれも仕事を一人でやってしまうお母さんがいらっしゃいます。

あらゆる仕事を一人でできるだけの能力があるのは素晴らしいことですが、皆で分担するのが〝会〟であり、集まりです。一人で何でも引き受けてしまうと、自然と主導権を握ることになるため、他のお母さん方が反感を持たないとも限りません。せっかく良かれと思って頑張っているのに、それでは元も子もありません。

ＰＴＡや保護者会、その他さまざまな〝会〟というものに参加するにあたっては、〝皆で協力して運営しよう〟という意識が大切です。〝会〟として行動するときは、複数人、最低でも二人で動きましょう。

コートを着たまま部屋に入っていませんか？

玄関にコート掛けを見かけなくなって久しくなります。また、コートも小さく短いダウンコートが多くなり、まるでジャケットのようでコートの意識がなくなっているかもしれませんが、本来、コートは玄関で着て玄関で脱ぐものです。コートは、1シーズンに1回クリーニングに出せば良い方なので、見えないほこりや汚れがたくさん付いているからです。

今の生活様式では玄関にコートをかけるのは難しいかもしれませんが、それでも、コートを玄関で脱いだり着たりする癖を付けておくと、よその家に行ったときに、平気でコートを着たまま家に上がることもなくなります。良い癖を付けるのは、子どものうちからです。お母さんも、幼稚園や学校、外出先で、コートを着たまま上がることのないように気を付けましょう。

玄関で履き物を脱ぐときのマナーはきちんとできていますか？

玄関から上がるときは、真ん中から、前向きに履物を脱いで上がり（後ろ向きに脱ぐと家人におしりを向けることになるので失礼にあたる）、脱いだ履物は、つま先を入り口に向けた状態で玄関の端の方に揃えて置きます。履くときはまた、真ん中に履物を置いて履きます。

自分の家の玄関も、たとえ幅が狭くても、なるべく真ん中を空けておきましょう。また、履物を人にお出しするときは、両足を揃えるのではなく、少々間を空けて出してください。その方が安定して履けるのです。

多数で訪問のときは最後に上がる人が声をかけ、皆さんの履物を揃えてあげると玄関先がスムーズです。また帰るときは、その方が先に玄関に降り、履物を出してあげると喜ばれますね。ちなみに年長者が、最初に上がり、出るときは最後です。

おじいちゃーん
遊びに来たよー！
たたた
ポイッ
こらっ　お行儀悪いわよ

✕悪い例

相手先の玄関に靴を脱ぎちらかして上がったり、靴を揃えて脱ごうとして後ろ向きに上がるのはマナー違反です。子どもが親より先に上がるのも失礼です。

玄関の真ん中から上がり…
振り向いて
しゃがんで
靴を手で
端へ寄せる
靴の先は玄関の外の方に向けておく
外

○良い例

相手先の玄関の真ん中から上がり、手で靴を玄関の端に移動させ、つま先を外へ向けて揃えて置きます。上がるときは年長者が最初で、出るときは最後です。

和室で座布団を出されたときの正しい座り方を知っていますか？

一生のうち幾度かは、きちんとした場面で、和室で座布団を勧められることがあるでしょう。座布団には、正しい座り方があります。日本人として、これだけは覚えておいてほしいものです。

座布団を出されるということは、それだけ相手から大切に思われているということです。ですから、決して、座布団を足で踏まないでください。相手の思いを踏みにじることになるからです。

また、あらかじめ部屋に座布団が用意してあった場合、座布団の位置を動かさないでください。座布団は、その部屋の中で、客の座る位置を決めて置いてあるものだからです。

座布団は、勧められるまでは座ってはいけません。座布団を勧められたら、お礼を言ってから、まず、座布団の後ろか、座布団の横（部屋の入り口に近い方）に座ります。

次に、膝を座布団の上に載せます。続いて、両手を座布団の上に付いて体を支え、滑るように座布団の上に座ります。

なお、座布団は、三方が縫ってあり、一方が輪（縫い目がなく裏面と表面がつながっている）になっています。座布団を出す側は、座ったときにお客様の膝頭の方（正面側）に座布団の輪が来るようにします。

これは、お客様に対し〝貴方は大切な方ですので、私との間に切れ目がないように、和を保てますように〟との配慮なのです。ですから、座布団の向きを変えたりしないでください。また、座布団には表と裏がありますから、間違っても裏返したりしないでください。座布団の中央に房がある方が表です。

また、座布団に座った状態で挨拶するのは失礼になりますから、挨拶するときはいったん畳に降りて挨拶をしましょう。

立ち話の時に
つい腕組みをしていませんか？

最近よく、腕組みをして話をしている人を見かけます。また、両手を腰に当てて威張っているか怒っているかのようなポーズで、笑顔で雑談している人もいます。本人は知らず知らずのうちに、そのポーズが癖になっているのでしょうが、あまり品の良い姿ではありませんね。

確かに、人と話をするときには手の置き場所に迷うことがあります。目上、目下、同輩と、相手によって違うので一概には言えませんが、友人と話すときなら、胸やウエストあたりで手を重ねておくか、指を組んでいると自然に見えます。

ちなみに、腕組みは〝拒否〟、両手を腰に当てるのは〝威嚇《いかく》〟の形となります。また、ポケットに手を入れたままで人と話をするのは、エチケットに反しているので気を付けましょう。

×悪い例

腕組みする
ははは
あはは
大口を開けて笑う
手を腰に当てる

腕組みをして話を聞く姿は聞く気がないように見えます。また、腰に手を当てて立つのは威張っている姿です。目上の人に対しては大変失礼な姿です。

○良い例

手をウエストのあたりに重ねて置いておく
ふふ
ほほほ
笑うとき口もとを手で隠す

友人との会話でも、腕組みをしていたり、腰に手を当てている格好は、品が良くありません。胸やウエストのあたりで、手を重ねておくか指を組んでおくといいでしょう。

紙袋に入れたまま　お土産を渡していませんか？

現在では、お店で買い物をすると、お店の名前の入った紙袋に商品を入れてくれます。これは、お客様が持ち帰りやすいようにとのサービスです。紙袋は便利ですが、お土産として相手に渡すときは、紙袋から出してお渡しするのが礼儀です。親しい友人の間柄でしたら、袋のままでも構わないでしょうが、先生や、少し気のはる方（緊張する相手）、目上の方、応接間や座敷でのときは、袋から出してお渡しします。

外でお渡しする場合、紙袋は持ち運びに便利ですから、その紙袋をたたみ、その上に品物を乗せて一緒に渡しても良いでしょう。

目上の方への訪問のときなどは、紙袋で持って行くのではなく、あらかじめ風呂敷に包んで持って行きます。このようなちょっとした違いを、小さくても子どもは分かります。

手が離せないとき子どもに携帯電話に出てもらうことありませんか？

現在では、固定電話よりも携帯電話が主流になりつつありますが、自分の携帯電話が鳴ったときに手が離せないときなど、つい、「ちょっと電話に出て」と、子どもに電話を取らせることはありませんか。

親しい人なら、電話口に出た子どものことを、「お子さん、かわいいわね」で済ませてくれるでしょう。しかし、急ぎの用件や大切な話のとき、または、遠方からの電話のときは、早く本人に話を伝えたいので、子どもが出るともどかしく感じます。

お母さんは、何気なく子どもを出させていると思いますが、そこは、〝本人の携帯電話〟にかけているという、相手のことを考えましょう。

また、留守番電話を子どもの声や外国語で吹き込んであったりするのも、電話をかけてきた相手は戸惑うのではないでしょうか。

図書館や美術館で走ったり大きな声で話したりしていませんか？

公共の場所、特に図書館や美術館では、音のマナーが重視されます。図書館は本を読むための場所、美術館は芸術を鑑賞する場所です。おしゃべりする場所ではありません。

たまたま知っている人に会ったとしても、いつもの声の大きさではなく、小声で挨拶しましょう。親子で会話したり、本を朗読したり、子どもが走り回ったりするのは、周りの人にとって迷惑です。携帯電話などもっての外《ほか》、携帯の電源は切っておきましょう。

大人の足音でも、パタパタとスリッパのような音のするミュール、サンダルには特に気を付けましょう。

図書館の中では、できれば本のページをめくる音が聞こえるぐらいが理想的です。心に留めておいてください。

人文
歴史
きゃっきゃっ
あはは

✕悪い例

図書館や美術館は、しんと静まりかえっていますから、靴の音や話し声も、思った以上に大きく聞こえます。携帯電話や子どものはしゃぎ声は、他の人の迷惑になります。

○良い例

ねえ お母さーん！
しーっ
図書館では 小さな声で お話し しましょうね

図書館や美術館では、普段以上に自分の発する音に気を配りましょう。子どもにも、場の雰囲気に合った行動を教える、良い機会になります。

図書館や美術館でお菓子やジュースを飲食していませんか？

最近では、ペットボトルを持ち歩き、いつでもどこでも好きな飲み物を飲んでいる人を見かけるようになりました。

しかし、図書館や美術館の中のような飲食が禁止の場所では、ルールを守ってください。ちょっとぐらいならいいじゃないか、というのは通用しません。子どもをあやすためにクッキーぐらいなら、と思うでしょうが、それもできません。

図書館の場合、大切な公共の本の間にお菓子のかけらが入ったり、飲み物のシミが付きかねません。美術館の場合、大事な美術品や展示物が汚れたらどうしますか。代わりがないものを、弁償できますか。

皆が、〝少しぐらいいいや〟と思ったら、大変なことになります。どうしても必要なときは、飲食できる場所や部屋を係員に聞いてください。

撮影禁止の場所で自分勝手に撮影をしていませんか？

多くの美術館などと同様、図書館も撮影禁止の場所です。最近では携帯などで写真が手軽に撮れるようになったため、誰かに注意されなければいいとばかりに、隠れて撮る人もいるようですが、これはもう、マナーというよりモラルの問題です。

禁止されていることをすることは卑《いや》しく、恥ずかしい行為です。そんなことは子どもにだって分かります。子どもにとって、お母さんは憧れなのです。たとえ、誰も見ていないからといって、悪いことだと分かっていることはしないでください。

なお、展示物の撮影が可能な美術館があったり、本棚の撮影すら禁止している図書館があったりと、その館ごとにルールが異なります。入り口で注意事項を読むか、受付で聞くなりして、正しく利用しましょう。

図書館で雑誌や新聞を独り占めしていませんか？

自分の読みたい新聞や雑誌をいっぺんにたくさん持って来て、自分の席でキープして読み始める人がいますが、それはマナー違反です。

図書館の本は、自分だけの物ではありません。他の人もその本を読もうと思っているかもしれないのに、まだ読まないうちから独り占めしていいわけがありません。

読みたい物を一つ決めて、それだけを手に取りましょう。参考資料として数冊必要なときもありますが、雑誌や新聞は一冊が基本マナーです。目に余れば、図書館の人から注意されるでしょう。

また、新聞などを読むときは大きく広げないで、自分の範囲を小さくとるような心がけが大切です。他の人も利用している、公共の場所なのですから。これは公共の乗り物の中でも同じです。

✕ 悪い例

新聞や雑誌を、読む前からたくさんキープしたり、新聞を大きく広げて読むのはマナー違反です。自分だけ良ければ良いという考えはモラルに欠けます。

◯ 良い例

図書館で読むときは、読みたい本を一冊ずつ持ってきて、読み終えたら新しい本を取りに行くのが基本。図書館の本は、公共の物であるということを忘れないでください。

図書館や美術館に汚れた服装で行っていませんか？

家の近くに図書館や美術館があって、すぐに行くことができる場合でも、自分の服装や身なりには気を配りましょう。

家でゴロゴロしているときのようなラフな服装ではありませんか。足や履物は汚れていませんか。汚いズボンをはいていませんか。

図書館も美術館も、公共の場です。人に見られたときに恥ずかしいと思える格好はやめましょう。たとえば、自分が図書館や美術館に居るときの姿を、誰かに写真を撮られたら…と考えてみましょう。人に見せられる格好でしょうか。

特に、椅子などは皆が座るところなので、汚れたズボンで座られると皆が困ります。館内職員はそこまで注意ができませんので、自分で注意しましょう。人が顔をしかめる格好で図書館に行くのはマナー違反です。

図書館の本に勝手に書き込んだり破いたりしたことはありませんか？

自分勝手で、恥ずかしさを知らない人の仕業でしょう。図書館の本の中に、字が書き込まれていたり、マークを付けたり、ページが破れていて不足していたりする本があります。

もし自分がその本を借りたらどう思うでしょう。汚い本を見たとき、心が痛みませんか。知りたいページが破れていては腹も立つでしょう。

お母さんは、子どもにそういうモラルに欠ける行為をさせないことが務めです。間違っても、ちょっとぐらいならいいか、とお母さん自身がやらないようにしてくださいね。誰も見ていないと思っても、自分の良心が覚えているのです。

そもそも、人の物を傷つければ、それはれっきとした罪となります。

皆で美しい本を見られるように、一人一人が気を付けましょう。

図書館に入ったらまず手を洗いませんか？

これはルールで決められていることではありませんが、一人一人が手をきれいにしてから本を手に取るようにしませんか。皆がそうすれば、それだけ本の汚れが少なくなると思います。また、手を洗う行為によって、本を大切に扱おうという意識が強くなるのではないでしょうか。

図書館を利用する人、全員がそうすると、本当に清潔になりますね。ぜひ、一人でも多くの人に、実行していただきたいことの一つです。

お母さんが手を洗うようにすると、子どももするようになります。本を借りることを当たり前と思わないで、感謝する気持ちがあると、自然と手を洗ってから本を扱う気になると思います。

また、ピアノやその他のお稽古の前にも、手を洗うようにするといいですね。先生も喜んでくださるでしょう。

家や外出先のトイレでの最低限のマナーは守れていますか？

昔から、「玄関とトイレがきれいかどうかで、その家が分かる」といわれますから、トイレをきれいにするのは当たり前として、トイレのマナーもしっかりと守りたいものです。

家のトイレでは、どんなに忙しくてもエプロンは外して入りましょう。そして、使用後の便座のふたは閉める。これは水流音の遮断と、便座の保温のためです。また、手を拭きながら出て来るのも不作法です。

お店など外出先のトイレでは、手洗い場にエアータオルやペーパータオルがあることが多いですが、手から水滴を垂らしながらエアータオルまで行くと床がぬれて滑りやすくなり危険です。なるべく自分のハンカチを使いましょう。ペーパータオルなら、手洗い場の飛び散った水滴も拭くと良いですね。また、トイレの内や外で話をするのも恥ずかしいものです。

横断歩道が〝危険〟な場所ということを意識していますか？

青信号で横断歩道を渡るとき、ダラダラと歩いて渡ったり、携帯を見ながら渡ったり、友人や家族と話し込みながら渡ったりしていませんか。

横断歩道を渡るときは、こちらが青信号だからと言っても、絶対に安全という保証はありません。信号無視する車や、居眠り運転の車が突っ込んでくることだってあり得るのです。横断歩道は、車道を渡る〝危険〟な場所であることを意識しましょう。足早に渡る気持ちが大切です。

渡る際には周りに意識を向け、できれば、止まっている車に軽く会釈《えしゃく》するぐらいの心の余裕が欲しいものです。その余裕の会釈は、車だけでなく、知らない人の前を横切るときも癖として表れるでしょう。お母さんのその振る舞いを子どもも覚えて真似するようになり、大きくなると、それに心を込めることができるようになります。素敵な大人になることでしょう。

ガラス窓やガラス製品に子どもがベタベタ触っていませんか？

子どもが小さいうちから、ガラス戸、ガラスのテーブル、窓ガラス、ガラスの置物などには、手を触れないようにしつけておきましょう。

ガラスは、指紋や手垢などが付きやすいものです。

いい大人が、デパートのショーケースに手をベタッと付けて商品を選んでいるのを見かけることがありますが、きっとガラス面にはその人の手の油で手形ができていることでしょう。

店員はお客様に嫌な顔はしませんが、おそらく、そのお客様がお帰りになった後、すぐにショーケースを拭き上げていることでしょう。

そんなささいなことぐらい、客なんだからいいじゃないか、と考える人もいるかもしれませんが、ささいなことだからこそ、小さな気遣いが自然にできる人になってほしいと思うのです。

子ども連れでの不祝儀《ぶしゅうぎ》のマナーは守れていますか？

不祝儀（葬儀や法事）の服装は、子どもは学校の制服、制服がなければ紺かグレーのなるべく地味な服で整えましょう。お母さんも華美にならないように心がけ、結婚指輪以外は、真珠のネックレス程度が良いでしょう。ただし、不幸が〝重なる〟ことを嫌って二重のネックレスはタブーです。

受付、お焼香のときは、子どもを親の前に立たせず、小さければ脇、高学年ならば後ろに立たせます。当然、お焼香のときも親が先です。横に何列か並んで焼香する場合は親子で横一列になりますが、そのときは焼香台に向かって右側が親になります。

不祝儀では親子の会話は慎み、子どもに〝普段とは違う〟ことを意識させます。このようなときのために、ペコペコしたお辞儀ではなく、心を込めたお辞儀ができるよう、日ごろから挨拶の仕方を教えておきましょう。

✕悪い例

いや～ホントにご愁傷様で…
ペコペコ

化粧や装飾品が派手だったり、子どもとおしゃべりするのは不謹慎です。また、ペコペコと軽いお辞儀や、お焼香のときにあたふたしていると、心がこもっていないように見えます。

◯良い例

誠に、ご愁傷様でございます…

化粧や装飾品は地味目にします。真珠のネックレスは、二重のものはタブーです。死者を弔う気持ちを込めた、お焼香やお辞儀ができるようになりましょう。

寺院や神社に参詣《さんけい》するときの最低限のマナーを知っていますか？

お正月や七五三、その他でお参りするときのために、最低限のマナーを覚えておくと良いでしょう。

まず、鳥居の前で一礼して鳥居をくぐります。参道を歩くときは中央を歩かずに端を歩きましょう。そして、手水舎《ちょうずや》の水で手と口を清めます。清めた後、持った柄杓《ひしゃく》の柄を残りの水で流し清めておきましょう。手水舎でのお清めは、単に手と口を洗えばいいというものではなく、手や口を清めると同時に、目に見えない〝心〟も清めることなのです。

そして、日本人にとって手を合わせるという行為は、神仏をはじめ目に見えない自然界に対しての、感謝、謝罪、懇願、加護、畏怖などを表すときの仕草であり、心を安らかにする形です。すべてのものに手を合わせる大切さを、子どもにも伝えたいものです。

初詣のときの正しい拍手《かしわで》の打ち方は知っていますか？

年頭にあたり、神仏に家内安全や願い事をあらたまった気持ちで祈願することは、古来からの日本の良き風習の一つで、立派な文化です。

作法が異なる寺社もありますが、一般的な参拝は、〝二拝二拍手一拝《にはいにはくしゅいっぱい》〟（二回お辞儀をし、二回拍手《かしわで》を打ち、最後に一回お辞儀をする）です。拝《はい》は90度くらいの深いお辞儀です。最後の一拝の後は、姿勢を正して神殿正面を直視します。なお、二拝二拍手一拝の前後に一揖《いちゆう》（15度くらいの軽いお辞儀）を行うとより丁寧になります。お賽銭や鈴を鳴らすのは、二拝の前（一揖をする場合は最初の一揖の後）です。また、神社での拍手《かしわで》は音を出し、お寺での拍手《かしわで》は音を出さずに形だけにします。

親が正しい参拝や仏詣《ぶっけい》の姿を見せることで、子どもも自然と日本文化の様式美を感じ取り、同じように参拝するようになるでしょう。

おわりに

古来から日本人は、自然の中に〝神〟を感じ、信じ、すがり、感謝し、畏れ、願い事をしてきました。そこから、目に見えないものへの感謝の念や宗教心、道徳の心が育ってきたのではないかと思います。近年、ＩＱが重要視されていますが、世界で成功した人は、「成功」を１００％とすると、ＩＱ（知能指数）が20％、ＥＱ（心の知能指数）が80％を占めるといわれます。この〝心〟が80％というのは、家庭のしつけにも通じると信じます。

「マナーキッズ」の発起人である田中日出男氏が、社員からの挨拶がないことを嘆き〝何とか日本人の礼儀のＤＮＡが残っているうちに〟と立ち上がられました。そして、今回多大なご協力をいただいた大藤氏、このお二人の勧めもあり、本書を書くことができましたことを、心より感謝とお礼を申し上げます。また、滞りがちな原稿を気長に待っていただいたＣ＆Ｒ研究所の遠藤氏、ありがとうございました。

気が付けば、この本に記した事柄すべてが、父と母が有言無言で教えてくれた事柄でした。幼いころのインプットがいかに大きく、忘れず、確実かという事実だと確認いたしました。最後までお読みいただき、ありがとうございました。

鈴木万亀子

認定NPO法人 マナーキッズプロジェクトについて

子ども・若者の状況がおかしい。多くの人がそう感じるようになって、ずいぶん時間がたちます。人間としての基本的なマナーやルールに欠ける。私的空間と公的空間のけじめ感覚を持ち合わせない。傷つくのが怖いから他人と深く交わろうとしない。学びを含めて何事にも意欲がわかない。その上、体力や運動能力の面でもひ弱になった。そんな子どもが増えつつあることを様々なデータは示しております。

認定NPO法人マナーキッズプロジェクトは、このような子ども・若者状況の是正に向けて、その一助になることを設立の趣旨に据えております。

撮影：フォート・キシモト

具体的には、スポーツ・文化活動に親しみながら、小笠原流礼法 鈴木万亀子総師範のご協力を得て日本の伝統的な礼法を体験します。保護者に対しても、家庭におけるマナーのしつけ方などを講習することによって、挨拶や礼儀作法などを習得して「体」「徳」「知」のバランスが取れた人材育成に寄与していきたいと考えております。

マナーキッズプロジェクトの活動の詳細については、次のURLのホームページでご覧になれます。

URL http://www.mannerkids.org/

■著者紹介

鈴木《すずき》　万亀子《まきこ》　小笠原惣領家32世小笠原忠統公に仕え、的伝総師範と花押を賜る。多摩川短期大学講師歴任。現在、中学校3校の礼法、道徳講師を務め、霞会館、芝増上寺、小笠原伯爵邸、その他にて師範育成。映画"たそがれ清兵衛""武士の一分"その他TVドラマ所作指導。NHK、他民放に出演する傍ら、NPO法人マナーキッズテニスにてマナー指導。日本マナー・プロトコール協会一般審査員。他、小笠原家茶道古流、山田流箏曲、茶花も教授。公、一般企業の研修も行う。

編集担当：遠藤直樹 ／ 本文イラスト：山吹あらら
カバーデザイン：秋田勘助（オフィス・エドモント）

[マンガでわかる]
お母さんのための子どものしつけとマナー

2011年3月4日　　初版発行

著　者　鈴木万亀子
監修者　認定NPO法人マナーキッズプロジェクト
発行者　池田武人
発行所　株式会社　シーアンドアール研究所
本　　社　新潟県新潟市北区西名目所4083-6（〒950-3122）
東京支社　東京都千代田区飯田橋2-12-10日高ビル3F（〒102-0072）
電話　03-3288-8481　FAX　03-3239-7822
印刷所　株式会社　ルナテック

ISBN978-4-86354-065-1　C0037

©Suzuki Makiko, 2011　　Printed in Japan

本書の一部または全部を著作権法で定める範囲を越えて、株式会社シーアンドアール研究所に無断で複写、複製、転載、データ化、テープ化することを禁じます。

落丁・乱丁が万が一ございました場合には、お取り替えいたします。弊社東京支社までご連絡ください。